TOEIC® TEST
サラリーマン特急
新形式リスニング

八島 晶

TOEIC is a registered trademark of Educational Testing Service (ETS).
This publication is not endorsed or approved by ETS.

朝日新聞出版

◀ 音声を聴く方法 ▶

パソコンで聴く方法

朝日新聞出版「TOEIC 特急」ページから、ダウンロードしてください。

http://publications.asahi.com/toeic/

※ダウンロードされるファイルは zip 形式ですので、解凍ソフトでファイルを開いてお使いください。

スマートフォンで聴く方法

「TOEIC 自動採点・分析アプリ abceed analytics（無料）」を、スマートフォンにダウンロードしてください。

http://www.globeejapan.com/

※ abceed analytics は株式会社 Globee の提供するサービスです。

作問協力	Ross Tulloch
編集協力	Karl Rosvold 渡邉 真理子
本文イラスト	齋藤 太郎
録音協力	英語教育協議会（ELEC） 東 健一 Howard Colefield 🇺🇸 Nadia McKechnie 🇬🇧 Brad Holmes 🇦🇺
写真提供	下山 智裕 谷津 俊之

もくじ

トレーニングを始める前に ……………………………… 4

第1章	パート3、4 新形式問題の対策 …… 11
第2章	パート1の解法と対策 ………………… 59
第3章	パート2の解法と対策 ………………… 71
第4章	パート1の予想問題と解説 …………… 85
第5章	パート2の予想問題と解説 ………… 103
第6章	パート3の予想問題と解説 ………… 143
第7章	パート4の予想問題と解説 ………… 209

解答用紙 …………………………………………… 267

トレーニングを始める前に

🚃 新形式リスニングの攻略ポイント

2016年5月29日に新形式 TOEIC® TEST が始まりました。テスト終了後に、SNS上には以下のような書き込みが一斉に流れました。

- ▶ 話者が3人登場すると頭が混乱する（泣）
- ▶ 話者の意図を問う問題が難しい！
- ▶ 図表の問題はあわててしまい全滅…

そして、実際に旧形式に比べてスコアが大幅にダウンした受験者が続出しました。リスニングセクションが苦手だった方だけでなく、リスニングが得意で旧形式では、満点（495点）を取れていてもスコアダウンをした方もいました。

一方で、旧形式からほとんどスコアダウンをしなかった受験者もいます。毎回満点（495点）を取っている超上級者だけでなく、300～400点くらいの中級者でも新形式は難しいと感じながらも旧形式とほぼ同じスコアを取ることができている受験者もいます。

スコアダウンした人 vs. スコアダウンしなかった人

この違いはどこからくるのでしょうか？ そして、新形式のリスニングでスコアアップするためには、どうしたらいいのでしょうか？

それをズバリ言わせていただくと、

> **1** 文脈を理解するリスニング力
> **2** 文脈を予測する先読み力

の2つを身に付けることです。それを確信するにいたった経緯をお話しします。

🚋 TOEICセミナーを通してわかってきたこと

　私は本業の仕事の傍らで、自分の学習体験やTOEICの分析によって知りえた知見を世の中に還元するために、企業向けのセミナーの講師をしています。題して「サラリーマンによるサラリーマンのためのTOEIC講座」です。累計の受講者は1500人を超えました。

　受講者の方々にはセミナーの後も、学習方法の相談、問題の解説などを通してスコアアップのお手伝いをさせていただいています。個別に相談に乗る際には、スコアシートの分析や、インタビューを行い、時には例題を解いてもらうなどして、その方の問題の解き方、英語の聞き方、読み方の特徴を知るようにしています。

　そうした活動を続けるうちに、パート3、4を解く際に2つのタイプの学習者がいることがわかってきました。

> **Aタイプ**　会話、トークの流れをしっかりと聞こうとしている
> **Bタイプ**　先読みしたキーワードを待ち受けるように聞こうとしている

　そしてA、Bタイプをスコア別に旧形式、新形式でスコアの変動を比較してみたのが以下の結果です。

	Aタイプ	Bタイプ
初級（～L300）	➡	➡
中級（～L400）	➡	⇩
上級（～L495）	➡	⇩

➡ スコアがあまり変わらなかった人が多かった
⇩ スコアが下がった人が多かった

　Aタイプは中・上級者が多く、Bタイプは初級者から上級者まで均等に含まれています。注目していただきたいのは、Bタイプでは上級者でも新形式でスコアダウンをした方が多かったという事実です。

　このBタイプの受験者がスコアダウンした要因は、虫食いように部分的な聞き方をしてしまうために話の流れ、つまり文脈が理解できていないということなのです。

　新傾向のパート3で出題される話者が3人登場する問題では、3人の立場、役割を理解しつつ、会話の流れを聞き取ることが求められます。パート3、4で出題される話者の意図を問われる問題は、まさに文脈の理解そのものが出題のポイントになっています。Bタイプの聞き方ではこれらの問題には対応できないためにスコアダウンが起こったとすれば説明がつきます。

▶ パート3、4の新形式対応方法

　「第1章　パート3、4　新形式問題の対策」では、新形式になって新たに登場したパート3、4の問題を使って、解き方と文脈を聞き取れるようになるための実践トレーニングの方法を解説します。

これらのトレーニング、解法をBタイプの中上級者に取り入れていただいたところ、想定をしていたよりも短期間で元のスコアレンジに戻ることができました。

▶ 全問正解しておきたいパート1

　新形式になり、パート1の問題数は10問から6問へと減りましたが、問題の形式、出題傾向は変わっていません。リスニングセクションの中では最も難易度が低いので、全問正解して気分よく通過しておきたいパートです。

　「第2章　パート1の解法と対策」では、定番の問題を例題にして、解答のコツとトレーニング方法を解説します。

▶ パート2の新傾向問題

　パート2は問題数が30問から25問に減少しました。問題の形式は変わっていませんが、出題傾向には変化があります。初中級向けのWH疑問文は変わっていませんが、中上級向けの問題が難化しました。その詳細は「第3章　パート2の解法と対策」で解説しますが、必要になってくるのは会話の場面をイメージできるリスニング力です。

　前作『サラリーマン特急 満点リスニング』で、英語が聞き取れるということはどういうことなのか、について詳しく解説をしましたが、それをパート2の例題に当てはめて、新傾向のパート2の英文が聞き取れるためのトレーニングのコツを解説しています。

　なお、朝日新聞出版社のホームページから『サラリーマン特急　満点リスニング』の「第1章 なぜ英語が聞き取れ

ないのか」をダウンロードすることができますので、興味のある方はご一読ください。

http://publications.asahi.com/toeic/

🚃 実戦問題を使ってリスニング力とTOEIC力をUP

　第4章から第7章には実戦問題を収録しました。新形式の問題だけではなく、旧形式の予想問題も含んでいます。新形式に移行したとは言え、全体の問題数からすると9割は旧形式の問題が占めているからです。旧形式の問題を確実に正解することが、スコアアップのカギになるのは間違いありません。

　前作『サラリーマン特急 満点リスニング』と同様に、問題数を厳選し、出題される可能性の高いフレーズ、展開、設問を凝縮してあります。

　問題演習後に、本書の音声・スクリプトを使って繰り返しトレーニングをすることで、自然にリスニング力と、解答を導くためのTOEIC力を身に付けることができます。

🚃 学習者の徹底活用コラム

　『サラリーマン特急 満点リスニング』を出版後に、多くの読者の方からスコアアップ報告をいただきました。著者としてこれほど嬉しいことはありません。何人かの方にお話を伺ってみると、様々な活用方法を独自に工夫されておられることがわかりました。

そこで、これから学習を開始される方、スコアが停滞されて悩んでおられる方の参考になるよう、読者の方からのコラムを掲載させていただきましたので、学習の合間に読んでみてください。きっと何かのヒントが得られるはずです。そして、「よし、自分もがんばろう！」というモチベーションが湧いてくるはずです。

　本書が皆さまのスコアアップのお役に立てることを願っています。

　八島　晶

本書で使われている記号

動：動詞　　**名**：名詞　　**副**：副詞

形：形容詞　**前**：前置詞　**接**：接続詞

≒：類義語

TOEIC 自動採点・分析アプリ
abceed analytics（無料）の特長

① スマートフォンで、簡単に解答、音声再生できます。

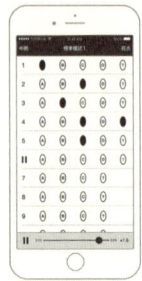

② 朗読スピードも容易に変えることができます。

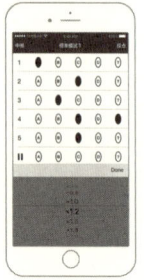

③ 各設問の解答時間も記録されます。

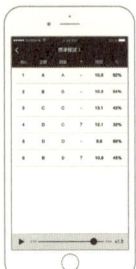

④ パートごと、問題ごとに分析できます。

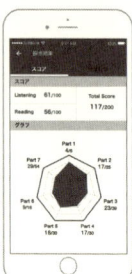

よろしければ、スマートフォンにダウンロードしてください。

http://www.globeejapan.com/

第1章

パート3、4
新形式問題の対策

文脈を意識して聞き取ろう！

まずは問題を解いてみましょう！

新形式では以下の問題が出題されるようになりました。

① 3人の話者が会話する (3人問題)
② 発言が短くやり取りが多い (多往復問題)
③ 問題用紙に図表が含まれる (図表問題)

そして、設問として以下のタイプの設問が加わりました。

① 話者の意図を問う設問
② 図の情報と会話、トークを関連付ける設問

次ページから上記の問題、設問を含む練習問題を載せています。それらを順番に解いて、解き方、トレーニングの方法を身に付けましょう！

パート3 ── トレーニング1

32. Why does Alan want to go to a restaurant?

(A) To pick up an order
(B) To arrange an event
(C) To meet some clients
(D) To inspect a kitchen

33. What does the woman mean when she says, "You'll make it"?

(A) She would like someone to give a speech.
(B) She knows who will prepare a meal.
(C) She thinks a colleague has enough time.
(D) She believes an evaluation will go well.

34. What do the men imply about the area?

(A) It has some nice restaurants.
(B) It is inconvenient.
(C) It is growing rapidly.
(D) It was featured in a magazine.

スクリプト

Questions 32 through 34 refer to the following conversation with three people.

Woman: Hi Alan, you look worried. What's up?

Man A: I have to get over to Ganesha Indian Restaurant to pick up some food for our party this evening.

Man B: You don't have much time. What do you think, Jenny?

Woman: //You'll make it.// It's only about 10 minutes from here.

Man A: Yeah, but that's 10 minutes by car. I rode my bicycle to work today, and I can't carry all that food on my bike. The train doesn't run very often around here.

Man B: And it's too far from the station. A lot of their customers complain about it.

Woman: You can use my car.

Man A: Really? Thanks, Jennifer.

32. 正解 (A)

Alan がなぜレストランに行きたいかという理由が問われています。

まず、登場人物の中で誰が Alan なのかを特定する必要があります。女性の最初のセリフで、"Hi Alan" と呼びかけているのに対して、応答している最初の男性 A が Alan であることがわかります。

次に、男性 A (Alan) のセリフ、"I have to get over to Ganesha Indian Restaurant to pick up **some food** for our party this evening."「今晩のパーティーのために、インド料理店の Ganesha に食べ物を取りに行かなければならない」が正解のヒントになっており、この some food を an order と言い換えた (A) が正解です。

言い換え表現

some food (食べ物) ☞ an order (注文)

33. 正解 (C)

新形式から登場した「意図を問う設問」です。

男性 B が男性 A (Alan) に対して、"You don't have much time."「あまり時間がない」と話しかけています。男性 A はパーティーのために、インド料理店に料理を取りに行こうとしている場面なので、開催時刻までに「あまり時間がない」という話題を提供していることがわかります。

女性はこの話題をうけて、"You'll make it."「間に合うわよ」と自分の意見を述べています。さらにそれに続けて、"It's only about 10 minutes from here."「ここから10分くらいしかかからない」と意見の理由を述べているので、正解は

(C) です。

> ※男性 A は a colleague (同僚) と言い換えられています。男性 A が同僚であるという根拠は会話の中には示されていませんが、同僚であることを明確に否定する情報もありませんので正解として成立します。

34. 正解 (B)

これも、新形式の設問です。imply は「ほのめかす」という意味の動詞で、これがパート3の設問で使われることは旧形式ではありませんでした。話者が意図をほのめかしているわけですから、セリフの中で直接正解のヒントを述べていないのがこの問題の特徴です。

> What do the **men imply** about the area?

また、主語が men と複数形になる設問も3人問題で登場します。本問は、女性1人、男性2人が登場しているので、その2人の男性について問われています。

男性 A は以下のように述べています。

> The train doesn't run very often around here.
> 「この辺りは電車の本数が少ない」

この1文だけでは、男性 A は「この地域は電車のサービスが十分ではない」という事実を述べているだけです。ところが、1つ前の文から続けると男性 A がほのめかしている意図があらわれてきます。

> I rode my bicycle to work today, and I can't carry all that food on my bike.
> 「今日は自転車に乗って仕事にきたので、すべての料理を自転車に載せることはできない」

＋

> The train doesn't run very often around here.
> 「この辺りは電車の本数が少ない」

↓

> "自転車だと料理を運べないので電車を利用したいのだが、この辺りは電車の本数が少ない（なので不便だ）"

さらに男性Bのセリフを続けてみます。

> And it's too far from the station. A lot of their customers complain about it.
> 「そして、この辺りは駅から遠い。多くの顧客がそのことに不満を言っている」

　冒頭の And は、その前の男性 A のセリフに（この辺りは）駅から遠すぎるという情報を付け加えています。つまり、男性Bもこの辺りが不便であるという意見をほのめかしています。したがって、男性A、Bが共にほのめかしているのは (B) です。

解答・解説

新形式ここがポイント

▶ 話者が誰なのかを意識的に聞き分けよう

本問には、女性、男性A、男性Bの3人の話者が登場します。この場合、話者について設問で問われるパターンは以下の5通りです。

> ① 全員について問われる (Speakers)
> ② 女性について問われる (Woman)
> ③ 男性達について問われる (Men)
> ④ 男性Aについて問われる (Man A)
> ⑤ 男性Bについて問われる (Man B)

①は、会話全体が聞き取れていれば正解できます。②も、女性が1人しか登場していないため、女性が言ったセリフは記憶に残りやすいので解きやすいでしょう。③は、男性2人の職業や、意見について問われます。2人についての情報なので、①、②よりは難易度が上がります。設問にMenがあった場合には、男性の発言に注意を払って聞くとよいでしょう。

そして、本問のように2人登場する同性の話者のうち片方について問われる設問は要注意です。この場合は必ず、どちらの話者なのかを聞き分けるキーワードが会話中に登場し、これを聞き逃すと解答できなくなります。先読みをして、会話が流れる前にAlanという音に注意を払っておいて、待ち受けるように聞き取るようにしましょう。

なお、Alanが話者以外である可能性もあります。つまり、3人の話者がその場にいないAlanの話をしている場合です。前形式では出題されたことのあるパターンですが、3人話者問題では難しくなりすぎるので、実際に出題される可能性は低いでしょう。

▶ 意図を問う設問は文脈を理解しよう

> What does the woman mean when she says, "You'll make it"?

「"You'll make it"と言っている時に、女性は何を意図していますか？」

ポイントは"You'll make it"の意味ではなく、女性の意図を問われているという点です。make it には文字通り「それを作る」という意味の他に、口語表現では「間に合う」「(何かに) 成功する」という意味もあり、使われる場面、話の流れでより具体的な意味が決まります。その具体的な意味が、その時点での話者が伝えたいこと、すなわち話者の意図です。

つまり意図を問う問題を解くためには、文脈を理解しなければならないということです。文脈とは、パート3においては会話の流れです。本問での会話の流れを整理してみます。まず、女性の最初のセリフです。

> Hi Alan, you look worried. What's up?
> 「あら、Alan、不安そうな顔してるけど、どうしたの？」

これをリアルな会話として聞けていれば、女性の前に何か困っている男性がいる場面であることがわかります。そして、これからその困っていることが明らかになっていくだろうという想像がつきます。

> I have to get over to Ganesha Indian Restaurant to pick up some food for our party this evening.

解答・解説

> 「インド料理店の Ganesha へ、今夜のパーティー用の料理を取りに行かなければいけない」

このセリフによって、困っているのは Alan で、彼はパーティーのために料理を取りに行こうとしていることがわかります。そのことについて、困っているのでしょうけれど、何が問題なのかはわかりません。

> You don't have much time. What do you think, Jenny?
> 「あまり時間がないよ。Jenny、どう思う？」

このセリフで会話がつながりました。料理を取りに行こうとしている Alan は時間がないことを心配していたのです。これが会話の流れです。これが理解できていれば、女性が "You'll make it" に込めた意図がわかるはずです。

> **You'll make it.** It's only about 10 minutes from here.
> 「だいじょうぶよ。ここから10分くらいしかかからないわ」

会話の流れに make it の「(何かを) 成し遂げる」という基本の意味を重ね合わせると、「パーティーの時間までに料理を持っていくのが間に合うわよ」という話者の意図が理解できます。

さらに、"You'll make it" 直後のフレーズも重要です。"It's only about 10 minutes from here." 「ここから10分くらいしかかからないわ」は単に事実を述べているのでは

なく、「間に合う」という自分の意見を補足する理由になっているからです。

このように、意図を問う設問においては、引用されているフレーズが登場するまでの会話の流れ、直後のフレーズを理解することが重要です。そのためには、会話の場面、登場人物の関係などをリアルに聞き取るリスニング力が必要になることをおわかりいただけたでしょうか。

そして、意図を問う設問を解くために気をつけていただきたいのは、引用されているフレーズを待ち受けるように聞くと正解のヒントを聞き洩らしてしまうということです。本問を例に取ると、先読みをした後"You'll make it"を待ち受けるようにして聞こうとすると、そこまでに話されたセリフが聞き取れなくなってしまいます。つまり会話の流れがわからなくなってしまうのです。

もちろん、会話の中で"You'll make it"が登場したことを認識する必要はあります。そうしないと、解答できなくなってしまいますから。"You'll make it"を意識しつつ、会話の流れを理解する、という聞き方が重要です。

語注

- □ **complain** 動 文句を言う
- □ **arrange** 動 〜を手配する、準備する
- □ **inspect** 動 〜を検査する、調査する
- □ **colleague** 名 同僚
- □ **feature** 動 〜を大きく扱う

解答・解説

和訳

問題32〜34は3人の話し手による次の会話に関するものです。

女性：あら、Alan、不安そうな顔してるけど、どうしたの？

男性A：インド料理店の Ganesha へ、今夜のパーティー用の料理を取りに行かなければいけないんだ。

男性B：あまり時間がないよ。Jenny、どう思う？

女性：だいじょうぶよ。ここから10分くらいしかかからないわ。

男性A：それって、車で10分だよね。今日は自転車で出社したんだ。料理全部は自転車で運べないよ。この辺りは電車の本数も少ないし。

男性B：それに、駅からもすごく遠いよね。多くのお客さんがそのことに不満を言ってる。

女性：私の車を使っていいわよ。

男性A：本当に？ありがとう、Jennifer。

32. Alan はなぜレストランに行きたいと思っていますか。
(A) 注文品を取りに行くため
(B) イベントを準備するため
(C) 顧客に会うため
(D) キッチンを検査するため

33. 女性が "You'll make it" と言う際、何を意図していますか。
(A) 誰かにスピーチをしてほしい。
(B) 誰が食事を準備するか知っている。
(C) 同僚には十分な時間があると思っている。
(D) 評価は良いだろうと信じている。

34. 男性たちはこのエリアについて何を示唆していますか。
(A) 良いレストランがいくつかある。
(B) 不便だ。
(C) 急成長している。
(D) 雑誌に取り上げられた。

パート3 ── トレーニング2

35. What type of business is the woman calling?

(A) An Internet service provider
(B) An electric company
(C) An appliance store
(D) A bank

36. What is the purpose of the call?

(A) To request a statement
(B) To inquire about a bill
(C) To close an account
(D) To make a payment

37. What does the man offer to do?

(A) Return a payment
(B) Send a catalog
(C) Repair some equipment
(D) Explain a service

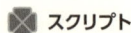 スクリプト

Questions 35 through 37 refer to the following conversation.

Man: Hello, Origin Power Company. How may I help you?

Woman: Hi, I'd like to discuss my electricity account with someone.

Man: Would you mind giving me your account details?

Woman: My name's Kerry White, and my account number is,… hang on a second … OK, it's B1893123. I think I've been overcharged.

Man: Here we are. I'm looking at your account now. I see what's happened. You've been charged at the commercial rate rather than the residential rate. It must've been caused by the system upgrade last month.

Woman: That's a relief.

Man: Yes, I'm sorry about that. Would you like a refund, or shall I give you a credit on your next month's bill?

Woman: I'd prefer a refund, thanks.

35. 正解 (B)

設問のcallは「電話をかける」という意味の動詞で、"What type of business is the woman calling?"で「女性はどんな会社に電話をかけていますか？」という意味になります。

男性のセリフ、"Hello, Origin **Power Company**."「はい、Origin 電力です」によって男性は電力会社の職員であることがわかります。

また、女性のセリフ "Hi, I'd like to discuss my **electricity account** with someone."「もしもし、私の電気料のアカウントの件でお聞きしたいのですが」で、女性は電力料のアカウントについて話したいと述べており、power company を electric company と言い換えた (B) が正解です。

言い換え表現

power company ☞ electric company
（電力会社）　　　　　（電力会社）

36. 正解 (B)

電話の目的が問われています。

女性は"I think I've been overcharged."「過剰請求されてると思います」と述べています。overcharge は「過剰に請求する」という意味なので、女性は自分の電力料金が余分に請求された件について電力会社に電話をかけていることがわかります。そして、女性は請求書 (bill) を見たので過剰請求されたのではと気づいたはずです。

このことを、(受領した) 請求書のことについて問い合わせるため、と表現した (B) が正解です。

なお、"You've been charged at the commercial rate rather

than the residential rate." 「ご家庭用でなく法人向けの価格が請求されていますね」によって、過剰請求されたのは本来家庭料金で計算するところを、業務用料金で計算したことが原因である、という情報もヒントになります。

37. 正解 (A)

男性が女性に提案している内容が問われています。

男性は、"Would you like a refund, or shall I give you a credit on your next month's bill?"「払い戻しを希望されますか？ それとも、来月の請求でその分をお引きいたしましょうか」と述べており、返金するか、または来月の請求で相殺するかという解決策を提案しています。このことを、「支払い金を返す」と表現した (A) が正解です。

言い換え表現

refund (返金) ☞ return a payment (支払い金を返す)

新形式ここがポイント

▶ 会話の回数と言いよどみ

話者2人の会話が複数回交わされる「多往復問題」です。旧形式では最大で2往復だったので、複数回というのは2.5往復以上の会話です。

① **全体の語数について**

2往復	従来形式 / 新形式
話者A	
話者B	

> 話者A
> 話者B

> **2.5往復** 新形式から登場
> 話者A
> 話者B
> 話者A
> 話者B
> 話者A

　本問は4往復と多めに作問してみましたが、注目していただきたいのは全体の語数です。<u>従来の形式ではパート3の全体の語数は80～120語でしたが、本問も115語とその範囲に収まっています</u>。やり取りの回数は増えても、1回のセリフの語数が短めになるので全体の語数は変わらないということです。

　一般的に初中級者でリスニングを苦手としている方は、語数が増えれば増えるほど聞き取り難いと感じる傾向があるので、この全体の語数が変わらないというのは安心材料です。

② 言いよどみ、言い直し

> My name's Kerry White, and my account number is,... hang on a second ... OK, it's B1893123. I think I've been overcharged.

音声と聞き比べていただけるとよくわかると思いますが、

解答・解説

...の部分は単語で表すことができない、うめき声のような音が出ています。

女性は自分の account number（アカウント情報）を伝えようとしたのですが、思い出すことができないのか、あるいは請求書を確認しようとしているのか、間をつないでいます。日本語でも、間をつなごうとするときに、「あー」「えーっと」と言葉では表せない音を出しますが、それと同じです。

こうした音は旧形式には出てこなかった新形式の特徴の1つです。今のところ出てくるのはパート3、4ですが、パート2にも今後出てくるかもしれません。

> パート1には出てこないと思いますが、もし出てきたら思わず笑ってしまいそうですね。
>
> さて、この間をつなぐ音ですが話者が時間稼ぎをしてくれているので、私たちにとっても時間に余裕が生まれ、聞き取りやすくなります。話者が意味のある言葉を話し始めるまで、こちらも待てばいいのですから。
>
> 言いよどんで間をつないだり、言い直しをする時の定番フレーズをあげておきますので覚えておいてください。

言いよどみの定番フレーズ

単語	意味
hang on second	ちょっと待ってください
hold on second	ちょっと待ってください
let me see	考え中です
well	えーっと
you know	あのー

言い直し定番フレーズ

フレーズ	意味
let me say that again	言い直します
I mean	〜のつもりです

新形式の先読みテクニック

1 先読みの範囲

先読みは大きく分けて以下の3つの方法があります。

> ① 設問だけ読む
> ② 設問と選択肢 (A) だけ読む
> ③ 設問と選択肢4つをすべて読む

自分の力に応じて、どの方法にするのかをあらかじめ決めておいてください。設問だけしか読む余裕がないのに、無理をして選択肢まで読もうとすると、内容が頭に入ってこなくなります。むしろ設問だけを読んで、次に説明する「予測フレーム」に従って聞くべきポイントを整理して、音声を待ち受ける方法をおすすめします。

2 予測フレーム

多往復問題は旧形式と大きく変化はないので、旧形式で使えた先読みテクニックがそのまま使えます。

> No. 35
> What type of **business** is **the woman calling**?
>
> No. 37
> What does the **man offer** to do?

この設問を先読みして予測できることです。

> ① 女性の話者が登場する
> ② その女性は電話をかけている
> ③ 電話をかけている相手は会社、店などである
> ④ 男性の話者が登場する

これから行われる会話の場面、登場人物、流れなどを予測しておけばリスニングが楽になります。設問の作られ方はある程度決まっており、予測するために見るべきポイントも決まっています。それらをパターン化したものを本書では「予測フレーム」と呼んでいます。

③ 正解のヒントの場所を予測する

　正解のヒントを誰が言うのか、どのあたりに出てくるのかを予測することができる設問があります。

> No. 35
> What type of business is the woman calling?

　電話による会話は、出だしのセリフに意識を集中させます。まず、自分が何者で、どこに所属しているかという情報が含まれている可能性が高いからです。本問は、まさにこのパターンでした。

> Hello, Origin **Power Company**.

　ただし、以下のようにその組織がどのようなビジネスをしているのか、どんな産業なのかがわからない場合もあります。

> I'm calling from KMS Corporation.

　この場合は、会話の中に商品、サービスなどその会社やお店が何をやっているのかがわかるヒントが散りばめられています。

> No. 36
> What is the purpose of the call?

　電話の目的は、前半から中盤にかけてヒントが出てくるだろう、と予測できます。目的を話者がはっきりと述べる

場合もありますし、複数のヒントをつなぎ合わせて正解を選ばなければならない場合もあります。

いずれにしても、ピンポイントで聞き取ろうとせずに、設問は意識せず、音声に集中して会話の全体像を聞き取るように心掛けてください。会話の流れが理解できていれば、目的が何だったのかは必ずわかりますから、後でも正解が選べます。

> No. 37
> What does the man offer to do?

この設問の正解のヒントは会話の後半に述べられます。最も多いのは、最後のセリフで正解のヒントが述べられ会話が終了するというパターンです。

また、正解のヒントを言うのは男性であると予測をしておきます。

語注

- **account** 名 口座、アカウント
- **detail** 名 詳細
- **overcharge** 動 過剰請求する
- **commercial** 形 業務用の
- **residential** 形 住宅の、家庭用の
- **refund** 名 返金
- **inquire** 動 尋ねる
- **equipment** 名 機器、装置

和訳

問題35～37は次の会話に関するものです。

男性：はい、Origin 電力です。どのようなご用件でしょうか。

女性：もしもし、私の電気料のアカウントの件でお聞きしたいのですが。

男性：アカウントの詳細をお伺いしてもよろしいでしょうか。

女性：名前は Kerry White です、アカウント番号は、、ちょっと待ってください。。ありました、B1893123です。過剰請求されている気がして。

男性：こちらですね、いまお客様のアカウント情報を見ています。原因がわかりました。ご家庭用でなく法人向けの価格が請求されていますね。先月のシステム・アップグレードによるものだと思います。

女性：ほっとしました。

男性：えぇ、申し訳ありませんでした。払い戻しを希望されますか？それとも、来月の請求でその分をお引きいたしましょうか。

女性：払い戻しをお願いします。

35. 女性はどのような業種の会社に電話していますか。
    (A) インターネットサービス供給業者
    (B) 電力会社
    (C) 家電販売店
    (D) 銀行

36. 電話の目的は何ですか。
    (A) 意見を求める
    (B) 請求書について質問する
    (C) 口座を解約する
    (D) 支払いをする

37. 男性は何をすることを申し出ていますか。
    (A) 支払いを返金する
    (B) カタログを送付する

(C) 機器を修理する
(D) サービスを説明する

パート3 ── トレーニング3

SCHEDULE	
Wednesday, June 3	Sales Reports Due
Thursday, June 4	Factory Inspection
Friday, June 5	Factory Inspection
Saturday, June 6	Product Release

38. What is the main topic of the conversation?

(A) A guest speaker
(B) A sporting competition
(C) A welcome party
(D) A local festival

39. Look at the graphic. When most likely will the event be held?

(A) On Wednesday
(B) On Thursday
(C) On Friday
(D) On Saturday

40. What does the woman say she will do?

(A) Attend a conference
(B) Book a venue
(C) Purchase tickets
(D) Confirm a price

スクリプト

Questions 38 through 40 refer to the following conversation and schedule.

Woman: Hi, George. I'm wondering when we should hold the welcome party for Mr. Jones.

Man: His first day here will be on Wednesday, but I don't think we should hold it then because people will be too tired to work the next day.

Woman: Besides, the sales reports are due then so we'll probably have to work until late.

Man: Yeah, and some of the staff have to take a trip to inspect the factory in Wyoming on the fourth and fifth...

Woman: And they won't want to go out on the evening they get back.

Man: Right, so the day of the product release is our only option. Would you mind making a reservation at a local restaurant—for twenty people, I guess.

Woman: Sure, I'll see if Gino's can accommodate us.

38. 正解 (C)

会話の主題 (main topic) が問われています。

女性のセリフ、"I'm wondering when we should hold the **welcome party** for Mr. Jones." 「Jonesさんの歓迎会をいつ開いたらいいかしら」のwelcome partyというフレーズが決定的なヒントになり、それが引用されている (C) が正解になりますが、重要なのは I'm wondering when we should hold の部分です。

女性にとって「いつ歓迎会を開くべきかを迷っている」ということが**課題**です。この会話はその**課題**に対して、スタッフの都合などのやり取りをして日程を決めていくという流れになっています。

パート3はこのように、話者のどちらかが課題をかかえていて、その課題を解決するという会話の流れが基本です。従って、課題は何、どうやってそれを解決しようとしているか、という点を意識すると聞き取りやすくなります。

39. 正解 (D)

問題用紙に記載された図表を見て答える、新形式から導入された設問です。この設問が図表と関連していることは、文頭の太字の部分でわかります。

> **Look at the graphic.** When most likely will the event be held?
> 「図を見てください。イベントはおそらくいつ行われますか？」

ヒントは次の男性のセリフ、"Right, so the day of the product release is our only option." 「そうだね。そうする

と、製品発売日が唯一の選択肢だよ。」にあります。話者はこのセリフの前までで、イベントの開催日の候補について検討をしており、Wednesday（水曜日）、on the fourth and fifth（4日と5日）は都合がよくないと話をしています。つまり、この only option というのはイベントの開催日のことをあらわしていることがわかります。そこで、予定表を見てみます。

SCHEDULE	
Wednesday, June 3	Sales Reports Due
Thursday, June 4	Factory Inspection
Friday, June 5	Factory Inspection
Saturday, June 6	Product Release

Product Release は、Saturday, June 6 であることがわかるので、正解は (D) です。

40. 正解 (B)

女性がこれから何をするかが問われています。

男性は女性に対して、"Would you mind **making a reservation at a local restaurant**—for twenty people, I guess."「地元の**レストランの予約**をしていただけませんか、人数は20人だと思います」とレストランの予約を依頼しています。

それに対して女性は、"**Sure**, I'll see if Gino's can accommodate us."「**もちろん**、Gino が空いているか調べてみるわ」とこれを受け入れています。したがって、女性がこれからすることを "Book a venue" と抽象的に言い換えた (B) が正解です。

言い換え表現

make a reservation ☞ book a venue
（予約をする）　　　（場所を予約する）

新形式ここがポイント

▶ 図表を先読みする

　図表は必ず先読みしてください。先読みする目的は以下の2つです。

> ① 会話の内容を推測することができる
> ② 聞き取るポイントが明確になる

　図表には設問、選択肢と同様にこれから流れる会話（パート4であればトーク）の内容を推測するヒントが含まれています。場面や会話のテーマがわかっていれば、英語の聞き取りはグンと楽になります。これを利用しない手はありません。
　また、図表には正解のヒントにつながる重要な情報が含まれているので、先読みをしておけば正解が選びやすくなります。
　出題される図表は、表、グラフ、地図など様々な形式がありますが、ここでは最も出題頻度の高い表の先読みのポイントを解説します。

1 先読みするタイミング

　基本は前の問題を解き終えてから、次の音声が始まる間に先読みをしますが、パート1のディレクション中に図表

だけをさらっと見ておくのもおすすめです。

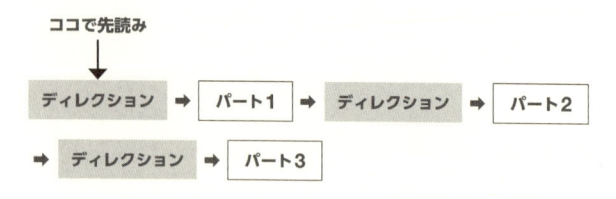

ココで先読み

ディレクション → パート1 → ディレクション → パート2 → ディレクション → パート3

② 全体を見てから、細部を読む

図表を先読みするコツは、全体から細部を読みとっていくことです。全体を読むというより見るという感覚です。

本問の表では全体を見て、「**予定表**」が書かれているということを理解することが先決です。これがわかれば、これから何らかの予定について話されることがわかります。

次に、徐々に細部を読んでいきます。

SCHEDULE	
Wednesday, June 3	Sales Reports Due
Thursday, June 4	Factory Inspection
Friday, June 5	Factory Inspection
Saturday, June 6	Product Release

　　曜日、日付　　　　　予定されていること

まず先頭の1行を読んでみると、

▶ 左側の欄には「曜日、日付」
▶ 右側の欄には、「予定されていること」

という構成の表であることがわかります。構成とはどこに何が書かれているかということです。余裕があれば、さらに下の行まで読んでいっても構いません。

3 設問、選択肢を読む

図表を見て答える設問は、出だしの表現で簡単に見分けることができます。

> **Look at the graphic.** When most likely will the event be held?

この設問が見つかったら、選択肢を読みにいきます。

> (A) On Wednesday
> (B) On Thursday
> (C) On Friday
> (D) On Saturday

選択肢の並びから、**正解のヒントは表の右の列に書かれている**、ということがわかります。

図表を見て答える設問は、図表を見なくても答えられるようにはできていません。もし本問で話者が、"We will hold the event **on Saturday**." というセリフを話してしまったら、その設問は表を見なくても答えられてしまいます。

つまり、本問では、選択肢に「曜日、日付」が並んでいるので、聞き取るべきキーワードは「**予定されていること**」であることが先読みの段階でわかるのです。

SCHEDULE	
Wednesday, June 3	Sales Reports Due
Thursday, June 4	Factory Inspection
Friday, June 5	Factory Inspection
Saturday, June 6	**Product Release** ←

　本問では、会話の中でProduct Releaseがキーワードとなり選択肢 (D) の On Saturday が正解になりました。

　このように、表形式の場合は、先読み段階で、どこの部分がキーワードになりそうかを予測しておくのが有効な対策です。

語注

- □ **besides** 前 その上
- □ **due** 形 期限で
- □ **option** 名 選択肢
- □ **accommodate** 動 (要望などに) 応える
- □ **competition** 名 競争、試合
- □ **attend** 動 〜に参加する
- □ **venue** 名 会場
- □ **confirm** 動 〜を確認する

和訳

問題38〜40は次の会話とスケジュールに関するものです。

女性：ねえ、George。Jonesさんの歓迎会をいつ開いたらいいかしら。

男性：彼の初出勤は水曜日だけど、その日はやめた方がいいね、疲れて翌日の仕事に支障が出そうだし。

女性：それに、売上報告の期限でもあるから、おそらく私たち残業になるわよ。

男性：あぁ。あと、スタッフの中には、4日・5日とWyomingの工場視察に行く人もいるよ。

女性：戻ってくる日の夜に外食したくないでしょうね。

男性：そうだね。そうすると、製品発売日が唯一の選択肢だよ。地元のレストランを予約してもらえないかな。20人でいいと思う。

女性：了解。Gino'sが空いているか確認してみるわ。

スケジュール	
6月3日（水）	売上報告期限
6月4日（木）	工場視察
6月5日（金）	工場視察
6月6日（土）	製品発売

38. 会話の主な内容は何ですか。
    (A) ゲストスピーカー
    (B) スポーツ大会
    (C) 歓迎パーティー
    (D) 地元のお祭り

39. 図を見てください。イベントはおそらくいつ行われますか。
    (A) 水曜日
    (B) 木曜日
    (C) 金曜日
    (D) 土曜日

43

40. 女性は何をすると言っていますか。
    (A) 会議に参加する
    (B) 会場を予約する
    (C) チケットを購入する
    (D) 価格を確認する

パート4 ── トレーニング

🔊 04

Menu Packages	Cost (per person)
Budget	$27
Standard	$35
Executive	$42
Deluxe	$65

71. What is scheduled for Friday evening?

(A) A product launch
(B) A store opening
(C) A celebration
(D) An inspection

72. Look at the graphic. Which item will Glen most likely choose?

(A) Budget
(B) Standard
(C) Executive
(D) Deluxe

73. What does the speaker ask Glen to do?

(A) Reduce a price
(B) Provide guest numbers
(C) Cancel an event
(D) Contact a branch store

スクリプト

Questions 71 through 73 refer to the following telephone message and brochure.

Hi Glen. It's Lisa. As you know, we recently opened our newest store in Gleneagles. I'm calling about the staff party scheduled for this Friday evening. I've invited all of the staff from Gleneagles to join us at company headquarters to mark the event. I'd like you to take charge of the arrangements. The maximum we can spend per staff member is 45 dollars. Please take a look at the menu from Donaldson Catering and choose the highest grade package they have within that budget. Could you also contact the manager at the Gleneagles store and see if they would like us to provide transportation?

71. 正解 (C)

金曜日の晩に予定されているイベントが問われています。設問にある Friday evening というキーワードに注意を払って聞きます。

"I'm calling about the **staff party** scheduled for this **Friday evening**."「金曜日の晩に予定されているスタッフパーティーの件でお電話しています」によって、staff party と Friday evening という情報がつながりました。

> Friday evening = staff party

次に、"I've invited all of the staff from Gleneagles to join us at headquarters **to mark the event**"「本社で一緒にイベ

46　第1章　パート3、4　新形式問題の対策

ントをお祝いするよう Gleneagles のスタッフ全員を招待しました」によって、3つの情報がつながりました。

> Friday evening = staff party = to mark the event

この mark the event を a celebration（祝賀会）と言い換えた (C) が正解です。

☞ 言い換え表現

mark the event ☞ celebration
（イベントを記念する）　（祝賀会）

72. 正解 (C)

設問に "Look at the graphic" とあるので、図表を見て答える設問であることがわかります。Glen は、冒頭に話者が "Hi Glen" と話しかけている相手、つまり聞き手です。問われているのは Glen がどの item（商品）を選ぶかです。選択肢に並んでいる、Budget、Standard、Executive、Deluxe が item です。

Menu Packages	Cost (per person)
Budget	$27
Standard	$35
Executive	$42
Deluxe	$65

選択肢に書かれている　　音声で読まれるヒント

図表を見ると、左の列に選択肢の内容が書かれているの

で、音声では右の列、つまり値段が話され、それが正解のヒントになることがわかります。

"The maximum we can spend per staff member is **45 dollars**."「スタッフひとりあたり最大で45ドルかけられます」、と述べているので、正解の候補は Deluxe を除く3つに絞られました。

次に、"Please take a look at the menu from Donaldson Catering and choose **the highest grade package** they have **within that budget**."「Donaldson Catering のメニューを見て、予算内で一番ランクが高いパックを選んでください」と述べているので、(C) Executive が正解です。

73. 正解 (D)

ask 人 to do は、「人に〜を頼む」という構文なので、"What does the speaker ask Glen to do?" を先読みしておけば、話者が Glen に対して何か頼みごとをすると予測できます。

"Could you also **contact the manager at the Gleneagles store** and see if they would like us to provide transportation?"「Gleneagles 店のマネージャーにも連絡を取って、送迎が必要か確認してください」の the Gleneagles store とは新しく開店した店で、これを支店と言い換えた (D) が正解です。

言い換え表現

our newest store ☞ a branch store
(最も新しい店)　　　　(支店)

新形式ここがポイント

▶ やや難しい図表

パート3の問題38〜40とよく似た図表問題ですが、本問の方が難しい問題です。正解であるExecutiveに対応した$42が直接読まれず、$45以下で最も高いものとして$42を選ぶ必要があるからです。

正解が読まれる列を特定しておいて、その情報を待ち受ける、という解き方は同じですが、聞きながら図表を読んで条件に合うものを考えなければならないので負荷が高く、中上級者向けの問題と言えるでしょう。

このように、パート4の図表問題にはパート3に比べてやや難しめの問題が出題される傾向があります。図表の形式も、表形式だけでなく、グラフや地図なども出題されます。

語注

- □ **headquarters** 名 本社
- □ **budget** 名 予算
- □ **provide** 動 〜を提供する
- □ **transportation** 名 輸送手段
- □ **inspection** 名 検査
- □ **branch** 名 支店

和訳

問題71〜73は次の電話メッセージとパンフレットに関するものです。

もしもし、Glen、Lisaです。知っての通り、Gleneaglesに新しいお店をオープンしました。今度の金曜日の夜に予定しているスタッ

解答・解説

フパーティーのことで電話しています。本社で一緒にイベントをお祝いするよう Gleneagles のスタッフ全員を招待しました。あなたに準備をお願いしたいです。スタッフひとりあたり最大で45ドルかけられます。Donaldson Catering のメニューを見て、予算内で一番ランクが高いパックを選んでください。Gleneagles 店のマネージャーにも連絡を取って、送迎が必要か確認してください。

パッケージコース	費用（1人あたり）
Budget	27ドル
Standard	35ドル
Executive	42ドル
Deluxe	65ドル

71. 金曜日に何が予定されていますか。

   (A) 発売
   (B) 開店
   (C) お祝い
   (D) 検査

72. 図を見てください。Glen はおそらくどれを選びますか。

   (A) Budget
   (B) Standard
   (C) Executive
   (D) Deluxe

73. 話し手は Glen に何をするよう頼んでいますか。

   (A) 値引きする
   (B) ゲストの人数を伝える
   (C) イベントをキャンセルする
   (D) 支店に連絡を取る

著者コラム1 「新サラトレ」

前著「サラリーマン特急 満点リスニング」ではリスニング力強化の方法として、以下の5 STEPトレーニングをご紹介しました。

> STEP 1：単語、構文をチェック
> STEP 2：音声をチェック
> STEP 3：オーバーラッピング
> STEP 4：シャドーイング
> STEP 5：キモチを込めた音読

多くの読者の方々がこのトレーニングでリスニング力をブラッシュアップして、スコアアップを果たされました。その中から、大幅なスコアアップをされた方、独自の工夫を加えてトレーニングを実践されている方に、章末のコラムで体験談を語っていただきました。

一方で、「シャドーイングを試してみたけど難しい」「英語の音を聞こえるようになるトレーニングを紹介して欲しい」という声をたくさんいただきました。

そこで、より多くのレベルの方が実践しやすく、また新形式のポイントに対応できるようにしたのが改良版の新形式サラリーマントレーニング、略して「新サラトレ」です。

> ① 問題を解く
> ② ストレッチ：自分の限界まで繰り返し聞く
> ③ 準備運動：解説を読む、単語、構文を調べる
> ④ STEP 1：ゆっくり音読
> ⑤ STEP 2：オーバーラッピング
> ⑥ STEP 3：キモチを込めた音読

① **問題を解く**

② **ストレッチ**

　問題を解き終わったら、答え合わせをしたいというはやる気持ちを抑えて、もう一度音声を聞き直してみてください。

　スポーツの前に行うストレッチは筋肉、関節をゆっくりと限界まで伸ばすことで稼働域を広げ、パフォーマンスが出しやすくなる効果があります。それと同じ要領で、問題のことは一旦忘れて、時間のプレッシャーからも開放されて音を聞くということに集中して、自分の限界まで力を使いきって英語を聞き取ってみてください。

　すると、さっきよりも聞き取れる単語が増え、英文の意味がわかるようになっているはずです。

　これを繰り返していくと、聞こえる個所は徐々に増えていきますが、3回目に聞き取れたところが、今自分が持っているリスニング力の限界点です。

　逆の見方をすればこの3回聞いても聞き取れない単語、意味が取れない英文が自分の弱点です。<u>スクリプトを読んでこの聞き取れなかった個所に下線を引いておいてください。</u>

聞こえない単語、フレーズ、英文は、そのままにしておいても、いつか突然聞こえるようには絶対になりません。**自分の弱点に向き合い、そこをSTEP1、STEP2で重点的に強化すれば英語は絶対に聞こえるようになります。**

③ 準備運動：解説を読む、単語、構文を調べる

　答え合わせをして解説を読んで正解の根拠が理解できたら、スクリプトをしっかりと読んでわからない単語の意味を語注で確認します。読んでもわからない単語、英文は絶対に何度聞いても意味がわかるようにはなりません。

④ STEP 1：ゆっくり音読

　リスニングのトレーニングとして音読をするのは語順の通りに英語を理解する力を強化するためです。音読はスクリプトを読み上げるだけのシンプルなトレーニングですが、より効果的を高めるためには、まずはゆっくりと音読をします。

　「ゆっくり音読」とは、自分の頭が英語の語順で意味をとらえられるくらいのスピードで英文を読むことです。ナレーターの音声よりもずっと遅い、のろのろとしたスピードです。意味を確認しながら読んでいくので、とぎれとぎれになってしまいますが、それはこのトレーニングが上手くできている証拠です。

　この時に、単語で区切るのではなく、意味のカタマリ毎に区切りながら、自分の頭が意味の理解についていけるように音読してください。

　例を使って解説します。

> I have to get over / to Ganesha Indian Restaurant / to pick up some food / for our party / this evening.

　"I have to get over"を読んで一拍おいて、意味が取れているなと思えば、"to Ganesha Indian Restaurant"を続けて読む、というのを繰り返していきます。

　「ゆっくり音読」でスムーズに意味を取れるようになってきたなと思ったらSTEP2に進みましょう。

⑤ **STEP 2：オーバーラッピング**

　オーバーラッピングとは、スクリプトを読みながら音声にかぶせていくトレーニング方法です。聞きながら読むという2つの事をやらないといけないので最初は大変ですが、慣れてくればリスニング初心者でも必ずできるようになります。読むのが音声より早かったり、遅かったりして多少ズレたりしても気にしなくても大丈夫です。それよりも、聞こえたままに、英語の音、強弱、切れ目などを真似することの方が重要です。

⑥ **STEP 3：キモチを込めた音読**

　仕上げにもう一度音読をします。今度は、話者になりきり、話者のキモチを込めて音読をします。また音読か、と思われるかもしれませんが、新形式に対応できるリスニング力を身に付けるにはこのSTEP 3が最も重要です。

　意図を問う問題で問われているのは、話者のキモチそのものです。話者のキモチは単語、文だけでなく、文と文の

つながり、すなわち文脈にあらわれていることはこれまでに説明してきた通りです。

キモチを込めた音読では、それらを丸ごと自分で音読することで再現することにより、話者の意図、文脈までも理解できるリスニング力が身に付きます。

繰り返しトレーニング

STEP 1、STEP 2、STEP 3は繰り返し行うことで効果が高まりますが、特におすすめしたいのがSTEP 2、3を交互に繰り返すトレーニングです。

STEP 2 ⇔ STEP 3

SETP2は音から意味をつなげていきますが、STEP3は逆に意味から音をつなげていきます。ちょうど砂場に作った山にトンネルを掘るときに、一方向から掘り進んで貫通して小さな穴が開いたら、今度は逆方向から穴を掘り、それを繰り返すことで、しっかりとした大きな穴ができていくのと同じイメージです。

トレーニングのメニューを作ってみました。

> 1日目：問題を解く〜ストレッチ〜準備運動〜
> 　　　　ゆっくり音読
>
> 2日目：朝) オーバーラッピング10回
> 　　　　夜) キモチを込めた音読10回
>
> 3日目：朝) オーバーラッピング10回
> 　　　　夜) キモチを込めた音読10回
>
> 4日目：朝) オーバーラッピング10回
> 　　　　夜) キモチを込めた音読10回
>
> 5日目：朝) オーバーラッピング10回
> 　　　　夜) キモチを込めた音読10回
>
> 6日目：朝) オーバーラッピング10回
> 　　　　夜) キモチを込めた音読10回

　これで同じ素材を100回トレーニングしたことになります。1つの素材を使ってトレーニングをするのに100回は決して多くはありません。これくらいで、ようやく1ミリくらいリスニング力が上がります。わずか1ミリですが、確実に1ミリ上がります。忙しくて時間のないサラリーマンだからこそ、費やした時間を確実な成果につなげられるトレーニング方法が最も効率的なのです。1ミリの成果がスコアアップにつながると信じて、毎日のトレーニングを続けましょう。

私の満点リスニング活用法1
おさだ ともこ さん（会社員） 760 ➡ 845

初めて「皿回しトレーニング」の実演を見たことが非常に強烈で、それ以来毎日繰り返し同じ問題集を解くようになりました。そして出会ったのが「サラリーマン特急 満点リスニング」です。

八島さんの理論はそれまでぼやっとしていたものが言葉できちんとわかりやすく説明されているので、腑に落ちやすい感じがします。また、理論のみにとどまらず、その後その理論をどうやって自分のものにしていけばいいのか、実践のやり方を詳細に説明されていたので、それも本当によかったと思いました。

他の特急シリーズも取り組んでいますが、ここまで冒頭に理論ややり方にページを割いている本は無いと思います。私自身、ディクテーションをすると、音は聞き取れるのになぜ正解を選べない？とモンモンとしていたのですが、この本を読んで、実践していくうちに何となくわかってきました。音の次に意味、それから「キモチ」が大事という理論になるほど！と感心しきり。トンネル開通のイメージはことさらわかりやすいと思いました。

皿回しと同様にわかりやすいのが5ステップの「キモチ」を込めた音読です。話者のキモチがわかることでストーリーや意味をとりやすくなります。新形式はより話者の「キモチ」が大事になってくるのではないかと思っています。

これからも「キモチ」を大事にした音読を続けて、トンネルを開通させていきたいと思います。

第2章

パート1の解法と対策

細かい音の違いを聞き取る！

パート1の出題傾向

　新形式になり問題数は10問から6問に減少しましたが、問題の内容には変更はありません。他のパートに比べ比較的やさしい問題がそろっているので、ここで点数を稼いでおきたいところです。目安としては、600点レベルの方は5問、730点以上の方は6問全問正解を目指しましょう。

パート1 ── トレーニング

1. 🔊05

2. 🔊06

1.

スクリプト

(A) He's reading a book.
(B) He's facing some shelves.
(C) He's entering a library.
(D) He's putting on a shirt.

和訳

(A) 彼は本を読んでいる。
(B) 彼は棚に向かい合っている。
(C) 彼は図書館に入ろうとしている。
(D) 彼はシャツを着ているところだ。

正解 (B)

男性が本棚に向かって、本を取りだそうとしている場面が写真に写っています。この様子を描写した (B) が正解です。face は、「〜に面と向かう」という意味の動詞として使われています。

本に手を伸ばしているので、これから読もうとしているところですが、現時点で読んでいないので (A) は不正解です。(C) の enter は「〜に入る」という意味の動詞で、男性はすでに図書館のような場所にいるので不正解です。(D) の put on は「〜を着る」という動作をあらわしますが、男性は既にシャツを着ている状態なので不正解です。He's wearing a shirt. であれば正解です。

語注

□ **put on** 〜を着る
□ **face** 動 〜に面と向かう

2.

スクリプト

(A) Visitors are enjoying an outing.
(B) Workers are emptying a trash can.
(C) Lamps are being installed along a street.
(D) A path winds through a park.

和訳

(A) 訪問者は遠足を楽しんでいる。
(B) 作業者たちはゴミ箱を空にしている。
(C) 電灯が道に沿って設置されているところである。
(D) 小道が公園の中を通っている。

正解 (D)

公園の中に曲がりくねった道が写っており、これを描写した (D) が正解です。wind は「曲がりくねって進む」という動詞で、川、道路などを主語にとり、前置詞 through とセットで使われます。

語注

□ **outing** 名 遠足（グループで外出すること）
□ **empty** 動 〜を空にする
□ **path** 名 小道
□ **wind** 動 曲がりくねって進む

解答・解説

❌ 写真の先読み

> 「間もなくリスニングテストを開始いたします。シールを切って問題用紙を開いてお待ちください」

　この日本語のアナウンスによってリスニングセクションが開始され、英語でパート1の説明と、例題が読み上げられ、その後 No. 1 が始まります。その間、約1分40秒。この時間の使い方は受験者の自由なので、6枚の写真を見ておきましょう。

　見るポイントは、まず人が写っているか、いないかです。人が写っている写真の問題は人が主語になるだろうと予想がつきます。一方で、人が写っていない写真は予想がつきにくく解きにくいので、多めに時間をかけて写真を見ておきます。それぞれのタイプに応じた写真の見方と解き方を、具体的に説明します。

　なお、余裕のある方は、この1分40秒の間に、パート3、4の先読みをすることもおすすめです。

✕ 人が写っている問題の解法

問題1では、写真の中央に大きく写っている男性が主語になる文が流れると予想ができます。これをするだけでも視点があちらこちらに動かず、聞くことに意識を集中させることができるので十分効果があります。

さらに余裕のある場合は、男性の動作、状態をチェックしておきます。

動作
- ✔ 男性が本棚に手を伸ばしている
- ✔ 男性が本を取り出そうとしている

状態
- ✔ 男性は本棚の前に立っている
- ✔ 男性はシャツを着ている

このように出題されそうなポイントをチェックしておいて、音声が流れてくるのを待ち受けます。予測していなかったポイントが読まれることもありますが、むしろそういう場合には「そこが正解になるんだ!」という気づきがあり正解を特定しやすくなります。

> 1問目は、人が写っている写真の問題が登場しやすく、難易度も比較的やさしいので、正解をマークしたら「よし!今日はいけるぞ!」と心の中で自分をほめてあげると、緊張も和らぎ順調なスタートを切ることができます。

解答・解説

人が写っていない問題の解法

問題2のように人が写っていない写真は、何について描写されるのか、つまり何が主語になるのかわからないので難易度が上がります。受験回数を重ねた上級者であれば、以下のように、ある程度の予想はつきます。

> ✔ 小道 (path、pathway、walkway…)
> ✔ 街灯 (lamp post)
> ✔ 芝生 (lawn)
> ✔ 影が投影されている (casting a shadow)

写真全体に目を配って、何が述べられても柔軟に対応できるようにしておくとよいでしょう。

また、人が写っていない写真の問題は、難し目の単語が使われることが多いのも特徴です。本問では、outing、emptying、winds がそれにあたります。これらの難語に対応できるようになるためには、「語彙力をつける」ことが本質的な対策なのですが、テスト中の対処策としては消去法で正解を選ぶようにしてください。

まず、(A) (B) ではそれぞれ visitors、workers と人をあらわす単語が述べられていますが、写真には人は写っていないので不正解として除外できます。(C) は are being installed という受身の進行形が使われているのが不正解の根拠です。(電灯が作業員によって設置されている最中の写真か、または、has been installed と「設置された」という表現であれば正解になります)

これで、(A) (B) (C) が不正解であると除外できたので、winds through という難しい表現がわからなくても消去法によって (D) を選ぶのがパート1の消去法のテクニックです。

パート1のトレーニング

パート1においても、問題を解きっぱなしにするのではなく復習が大切なのは、他のパートと同じです。ただし、解き直して、問題1は (B)、問題2は (D) と正解の記号を選ぶのは意味がありません。視覚的な印象は残りやすいので、それを頼りに正解を選ぶのは聞くトレーニングにはならないからです。

パート1のトレーニングは音を聞き取ることに重点を置くのがポイントです。例を上げて解説してみます。

> (A) He's reading a book.

中学校1年生の教科書に出てきそうな英文ですが、これを正確に聞き取るためには、いくつか重要なポイントがあります。

> **He's** reading a book.

パート1では、He が主語になり be 動詞がそれに続く場合は、He is とは読まれず、その短縮系の He's と読まれます。He is と He's はほんのわずかな違いですし、He's が正確に聞き取れていなかったとしても、その後の reading a book を聞き取れれば、これが不正解であることはわかります。ただし、このレベルで妥協をしていては、いつまでたっても、モヤモヤ感の残る、なんとなく聞こえるというレベルで留まってしまいます。

リスニング力の基礎は音を聞き取る力です。音を聞き取る力をつけるには、繰り返し聞いて、音に慣れるトレーニングをすることです。スクリプトを見たときに「あれっ？」と違和感を覚えるのは、自分の頭の中にある音のイメージが、実際

の音とズレているからです。それが、He'sのようなところであったとしても、トレーニングの時には細部こだわって注意深く聞いてみてください。

> He's reading **a** book.

英語には、音がつながって変化をするという特徴があります。readingのgとaがつながって読まれています。これも細かい点ですが、頻繁に起こっていることなのでトレーニングの時にはしっかりと聞き取るようにしましょう。

読めばわかるのに聞き取れない、という現象の大きな原因はここにあります。逆に言えば、この音のつながりに慣れてくれば、読めばわかる程度の簡単な英文が聞き取れるようになり、スコアアップにつながります。

> A path winds **through** a park.

唐突ですが、私はthroughという単語の音が大好きです。特にネイティブ話者の発するthroughの甘く柔らかな音の響きが大好きです。日本語式にthroughを発音すると「スルー」ですが、英語ではこれとまったく異なり、日本語の文字では書きあらわすことができない音として聞こえます。つまり日本語には無い音なのです。このように日本語と大きく発音が異なる単語はトレーニングの時の要チェックポイントです。

> Lamps **are being** installed along a street.

パート1では受身の進行形がよく出題されます。そして、

受身の完了形との違いを聞き取ることが正解のポイントになることがあります。2つの英文の違いを聞き取ってみてください。

> 🔊07 Lamps **are being** installed along a street.
> Lamps **have been** installed along a street.

聞き取れたでしょうか。are、have は比較的聞き分けやすい音なので大丈夫でしょう。では、これはどうでしょうか？

> 🔊08 A lamp **is being** installed on a street.
> A lamp **has been** installed on a street.

この組み合わせは聞き取りの難易度がぐっと上がります。聞き分けるポイントは **being** と **been** です。being は been に比べやや長く、強く読まれているのを聞き取ってみてください。

私の満点リスニング活用法2
野村 太郎 さん（会社員） 200点台 ➡ 990

「正解は選べても、会話全体の内容理解が曖昧…」、こんなモヤモヤの中、『サラリーマン特急 満点リスニング』に出会いました。具体的な学習方法に感銘を受け、実践することで、自分に欠けている部分を効率的に発見することが出来ました。

特に苦戦したのはシャドーイングです。簡単な語彙でもなかなか上手くいきません。1つの理由は、文章をカタマリで捕らえきれていないことでした。このカタマリを意識し、内容を充分理解した上で「キモチをこめた音読」を繰り返しました。日を重ねるにつれ、話者が強調したいことや補足事項などが自然と把握出来るようになり、日本語を一切意識せず英語のまま正確に理解するのに大いに役立ちました。そしてその結果、満点獲得に繋がりました。

「耳ダンボ作戦」も活用しています。ペンを持つ右手は使わず、左肘を机に置いて、左耳をダンボにするだけで、明らかに聞き取りやすくなります。単純なことですが効果絶大です。

現在私は会社の本業の傍ら、社内にTOEICによる英語学習を広めています。多くの学習者にとって、モチベーション維持は課題の1つだと思います。人に褒められることや認められることは、とても大きな維持要素になります。周りに認めてもらえる環境に自らを置き、その中で短期間で結果を出すと、強い印象を与えることが出来ます。八島さんのメソッドは、これを実現可能にする大きな突破力があると実感しています。

第3章

パート2の解法と対策

間違った音の記憶を上書きしよう！

パート2の出題傾向

　新形式になり問題数は30問から25問に減少しました。公式発表では問題形式の変更はありません。ただし、ひねった応答が正解になる問題が難化する傾向にあります。旧形式の時からひねった応答問題は出題されており、それらは元々難しい問題でした。つまり、リスニングセクションで450点以上を目指すような上級者には乗り越えなければならないハードルが高くなったと言うことです。

　本書では、頻出の「**基本応答問題**」に加えて、新傾向の「**ひねった応答問題**」をやや多めに収録し、解き方と、復習のポイントを解説しています。

パート2 ── トレーニング

7. Mark your answer on your answer sheet.

8. Mark your answer on your answer sheet.

9. Mark your answer on your answer sheet.

10. Mark your answer on your answer sheet.

11. Mark your answer on your answer sheet.

7.

スクリプト

Woman: Which jacket belongs to you?

Man: (A) The one with the brown collar.
(B) Where did you find it?
(C) Yes, it's mine.

和訳

女性：どの上着があなたのものですか？

男性：(A) 襟が茶色のものです。
(B) どこで見つけましたか？
(C) はい、それが私のです。

正解 (A)

Which jacket は複数ある上着の中のどの上着かを問う表現です。色、サイズ、デザインなどが異なる上着が複数あり、その中から男性が「茶色の」と色で自分の上着を指定して答えています。

この one は代名詞で、同じものが複数ある中から1つに特定できないモノをあらわす時に使われます。この会話の時点で、女性はどれが男性の上着であるかを特定できていないので、it は使うことができません。

語注

□ **belong** 動 属する

8.

📛 スクリプト

Woman: Where can I buy something to drink during the break?

Man: (A) They break very easily.
(B) Complimentary beverages will be provided.
(C) I didn't bring one.

📛 和訳

女性:休憩中、どこで飲み物を買うことができますか?

男性:(A) それらは簡単に壊れます。
(B) 無料の飲み物が提供されます。
(C) 持ってきませんでした。

正解 (B)

　セミナーに参加している女性が、主催者の男性に飲み物を買うことができる場所を問うています。それに対して、(買いにいかなくても) 無料の飲み物が提供されると答えています。疑問詞 Where (どこ) に対する応答は、場所で答えるのが基本ですが、本問のようにひねった返答が正解になる問題は要注意です。

📛 語注

□ **complimentary** 形 無料の
□ **beverage** 名 飲み物
□ **provide** 動 〜を提供する

9.

スクリプト

Woman: I'm sorry, I missed your presentation.

Man: (A) At the next station.
(B) Yes, I miss them, too.
(C) No problem, I can share the slides with you.

和訳

女性：すみません、あなたの発表を聞き逃しました。
男性：(A) 次の駅で。
(B) はい、私もさみしく思います。
(C) 問題ありません、スライドを共有します。

正解 (C)

発表を聞き逃した女性に対して、男性は自分が使用したスライドを共有すると申し出ているので、(C) が正解です。

女性のセリフが疑問文ではないため、男性の応答が予測できません。このタイプの問題は、会話の状況をイメージして、会話が自然につながるものを選びます。

また、女性のセリフに含まれる missed、presentation という耳に残りやすい単語が、不正解の選択肢に miss、station という単語であらわれているのにも注意してください。

語注

□ **miss** 動 〜を逃す、さみしく思う
□ **share 〜 with…** 〜を…と共有する

10.

スクリプト

Woman: Do we have any more pens with our logo on them?

Man: (A) I'll check the cabinet right away.
(B) The designers did a good job.
(C) I'll go if you don't have time.

和訳

女性：ロゴがついたペンはまだ他にありますか？

男性：(A) すぐにキャビネットを確認してみます。
(B) デザイナー達はいい仕事をしました。
(C) 時間がなければ私が行きましょう。

正解 (A)

Do we have で始まる疑問文には Yes（ある）、No（ない）と答えるのが基本ですが、本問では男性が在庫を確認しに行く、つまり「今はわからない」と答えています。本問は女性のセリフから、自社のロゴがついたペンに関する同僚の会話の場面が思い浮かべられるかどうかがポイントです。

女性のセリフにある logo から連想される designers、また logo の音が似ている I'll go が含まれている誤答の選択肢に惑わされないようにしましょう。

語注

□ **right away** すぐに

11.

🅧 スクリプト

Man: Didn't Mr. Maeda make a copy of the sales report for all the staff?

Woman: (A) He's buying a lot of stuff.
(B) Sales were higher than expected.
(C) No, I'm afraid we have to share.

🅧 和訳

男性：Maedaさんは営業報告書を全スタッフ分コピーしなかったのですか？
女性：(A) 彼はたくさんのモノを買う予定です。
(B) 売り上げは予想よりも多かった。
(C) はい、私たちで共有しなければなりません。

正解 (C)

　この英文は否定疑問文と呼ばれ、上級者も悩ませる難問です。Did Mr. Maeda... は、男性は単純にMaedaさんがコピーを取ったのか、取らなかったのかの事実を聞くのに対して、Didn't Mr. Maeda... の場合は、男性はすでにMaedaさんがコピーを取らなかったことを知っていて、（取ることになっていたのに）なぜ取らなかったのか、という非難のキモチがこもっています。

　否定疑問文に対する応答は、Did Mr. Maedaに置き換え、コピーを取っていないのでNoで答えます。

🅧 語注

□ **stuff** 名 モノ ※staffとの違いに注意
□ **I'm afraid** 残念ながら（〜しなければならないと思う）

パート2の解法

パート2はリスニングセクションで唯一、聞こえてきた音だけを頼りに解くパートで、先読みのテクニックが使えません。したがって純粋にリスニング力が試されるパートですが、本番中に使えるテクニック、注意する点があるのでそれらを解説しておきます。

1 先頭の音に集中する

問題7のような疑問詞で始まる問題は、先頭の音を聞き取れるかどうかが勝負です。ナレーターが"Number seven"と読み上げたら、全神経を耳に集中させて音を聞き取る態勢を整え、ペン先をNo. 7のAのマーク欄においておきます。最初の話者のセリフ、Aの応答を聞いて正解と思えばそのままキープ、不正解と思えばBのマーク欄にペン先を移動させます。これをB、Cと繰り返し、正解と思う記号にマークをつけます。

重要なのはここからです。次の問題が始まる前に、一瞬、上半身を脱力させます。パート2の9分間、ずっと集中しておくのは難しいので、集中力のピークを音声の最初に持ってくるための作戦です。コツはやや大げさに、肩、腕の力を抜いて「だら〜ん」と緊張をほぐすことです。

2 振り返らず目の前の問題に集中する

　もう1つ重要なことは、前の問題を引きずらないことです。2つの選択肢から正解が絞りきれない場合などに、音声を思い出して解き直したくなりますが、そうこうしているうちに次の問題が流れ始めると、重要な先頭を聞き逃してしまいます。答えを迷っても思いきってマークをつけ、次の問題に集中しましょう。

3 消去法

　パート1と同様、パート2でも消去法は有効なテクニックです。Cまで聞いても正解がなかった時や、正解らしい選択肢が2つ残った場合に消去法を使います。消去するのは、最初の話者のセリフに含まれていた音と似た音が含まれる選択肢です。問題9の (A) (B) には、わざと最初の話者のセリフの中で耳に残りやすい単語と似た単語を入れて、誤答の選択肢に誘導するように作られています。「同じ音が聞こえたら不正解」は100％成り立つルールではありませんが、適当にマークをするより正解率が上がります。

❌ パート2のトレーニング

1 間違った音の記憶を上書きする

　答え合わせをして解説を読んだら、音声を繰り返し聞いて、聞き取れない音、苦手な音を1つずつつぶしていってください。問題作成者はそうした学習者の弱点は知りつくしており、それらが聞き取れるかどうかを試す問題を出題してきます。

例えば、多くの学習者が苦手としているのが When と Where の違いです。基本的な単語ですが、これらの音が日本語式に「ホエン」「ホエア」として頭の中に記憶されていると、それらとはまったく異なる音が流れてくるので聞き分けができません。また、When、Where の後に続く語によっては、かなり微妙な違いになってきます。間違った音の記憶を正しい音で上書きできるまで繰り返し聞き込みましょう。

2 リッスン&リピート

パート2では、最初の話者のセリフを聞き取り、その内容を一定期間覚えておかなければ、どれが正解の選択肢なのかを判断することができません。この一定期間覚えておく力(リテンション力)を鍛えることができるトレーニングをご紹介します。

まず、リテンション力とは、英文を聞き取るときの余力によって生み出されます。つまり、頭の中に残っている余力の部分で、英語を記憶しているのです。英語を聞いて、音を聞き分け、意味を理解するのが精いっぱいの状態では、余力は生み出すことができません。

そこで、おすすめしたいのが、リッスン＆リピートという、音声を聞いた直後にその英文を聞いたまま口から出すというトレーニングです。口から出すためには、聞きながら瞬間的に英文を頭に記憶しなければならないので、ただ聞く場合に比べて高い負荷が加わった状態になっています。つまり、高い負荷がかかった分だけ、本番では余力を生み出すのです。

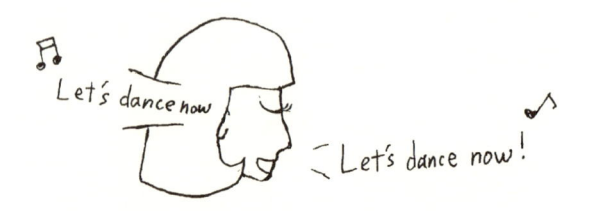

問題7の音声を使って具体的なやり方を説明します。まず、最初の話者のセリフを流します。

音声を流す ➡ Which jacket belongs to you?

ここで一旦音声をストップさせます。この時、スクリプトは見ないようにします。そして、今聞こえた英文を口に出してみます。

自分で話す ➡ Which jacket belongs to you?

そして、音声を再開させて応答を聞きます。

音声を流す ➡ The one with the brown collar.

ここで再び音声をストップさせて、自分で言ってみます。

> 自分で話す ➡ The one with the brown collar.

　実際にやってみると、意外と難しいことがわかります。途中で詰まってしまったり、途中単語が抜けたりします。できなければ、同じところを聞き直して、完全に話せるまで繰り返します。どうしてもできなければ、スクリプトで英文を確認してからやり直してみてください。また、電車の中など声を出せない場所でやる場合は、脳内で音を出しても構いません。

　完全に言えるようになった英文を1〜2日寝かせてから、今度は問題として解き直してみると、その効果が実感できます。以前よりも音がクリアに聞こえ、英文の意味もすっと理解でき、それが頭に残るようになっているはずです。

私の満点リスニング活用法3
山内 晃さん（会社員）650 ➡ 860

仕事で英語を使う場面が増え、TOEICを定期的に受け始めたけれど600点台でスコアが停滞していた頃に、八島さんが開催しているサラリーマンのためのTOEICセミナーに参加しました。

当時の私は「聞き流すだけ」のリスニング教材を通勤電車で繰り返し聞いて勉強した気になっていましたが、セミナーで「聞こえない英語を繰り返し聞いても聞こえない」と教えてもらい、金フレ（『TOEIC® TEST 出る単特急 金のフレーズ』）で語彙力を高めて、公式問題集のリスニングパートを「意味を理解して聞く」ことを繰り返した結果、コンスタントに800点前後のスコアが取れるようになりました。

また、私は元々リーディングのスコアが出やすいタイプだったのですが、スキマ時間を活用して「満点リスニング」で紹介されているオーバーラッピングやシャドーイングに取り組むことで、音の連結や消失といったつなぎの音が聞き取りやすくなり、リスニングがリードする形でスコアは860点まで伸びました。

留学経験もなく、勉強時間が十分に取れない、私と同じ「普通のサラリーマン」の八島さんがTOEIC 990点をとったという事実には、「自分もやればできる」と本当に勇気づけられました。英語を活かせる仕事はますます増えてきているので、これからも引き続き勉強を続けていきたいと思います。

第4章

パート1の
予想問題と解説

この定番問題を
おさえよう！

問題番号	日付	正答数
1周目	／	／6
2周目	／	／6
3周目	／	／6
4周目	／	／6
5周目	／	／6
6周目	／	／6
7周目	／	／6

パート1 ── 予想問題

1.

2.

3.

4.

5. 🔊 18

6. 🔊 19

1.

🚫 スクリプト

(A) They're handing out papers.
(B) They're gesturing at a white board.
(C) They're putting on glasses.
(D) They're taking notes.

🚫 和訳

(A) 彼らは紙を手渡している。
(B) 彼らはホワイトボードの前で身ぶりをしている。
(C) 彼らは眼鏡をかけているところである。
(D) 彼らはメモを取っている。

正解 (B)

2人の男性がホワイトボードの前で向かい合って、話をしている場面の写真です。この2人が主語になるだろ、という意識で音声を待ち受けます。余裕のある場合は、2人の動作も予想しておいてもよいでしょう。

立っている	: standing
話をしている	: talking
向かい合っている	: facing each other

正解は2人が手を動かし身ぶりで何かを伝え合おうとしている様子を描写した (B) です。gesturing が耳慣れない方にとってはやや難問ですが、消去法で解くようにしましょう。(A) は papers がヒッカケで、ホワイトボードに紙は写っていますが、手渡してはいないので不正解です。(C) は定番中の定番のヒッカケです。put on は衣類を身に着けるという動作

をあらわすので、putting on glasses はメガネをかけようとしている、という意味になります。右の男性は、メガネをかけていますが、かける最中ではありません。A man is wearing glasses. であれば正解になります。(D) の take notes はメモを取るという意味です。talk とやや音が近い音を使った誤答の選択肢です。

トレーニングのポイント

本書の誤答の選択肢は、パート1頻出の表現を盛り込んで作ってありますので、繰り返し聞いて、その場面を頭の中でイメージするトレーニングをしてください。それらの表現が出題された時に、すばやく場面が浮かぶようになります。

語注

- **hand out** 動 手渡す
- **put on glasses** 動 メガネをかける
- **take notes** 動 メモを取る

> この2人が一緒にメガネをかけたり、ノートを取っている場面を想像すると、なんだかほのぼのした気持ちになりますね。

2.

📊 スクリプト

(A) People are all walking in the same direction.
(B) People are gathered around a fountain.
(C) People are boarding a vehicle.
(D) People are leaning against lamp posts.

📊 和訳

(A) 人々は同じ方向に歩いている。
(B) 人々が噴水の周りに集まっている。
(C) 人々が乗り物に乗り込もうとしている。
(D) 人々が街灯に寄りかかっている。

正解 (B)

 人が写っている写真ですが、遠景で多くの人がたくさん写っているので、「人々が主語になりそう、でも、他のモノが主語になる可能性もある」くらいにゆるく予想して音声を待ち受けます。

 正解は、噴水の周りに人々が集まっている様子を描写した (B) です。gather は「集める」という意味の他動詞で、これが受動態になって be gathered のカタチでパート1に登場します。around は「～の周りに」を意味する前置詞で、パート1では、バスなどが交差点を曲がる写真で around the corner という表現で使われるのが定番です。fountain (噴水) もパート1の重要単語なので、音を聞いて意味が浮かぶようにしておきましょう。

📊 トレーニングのポイント

 (A) は are all walking の部分の音を注意深く聞き取って

みてください。ぶつ切りにではなく滑らかにつながって読まれる様子や、つながることによって変化する音を意識して聞き取ってみましょう。なんとなくではなく、スッキリと聞こえるようになるには、こうした細かい部分にこだわってトレーニングを積み重ねるしかありません。

in the same direction は「同じ方向に」という意味のパート1の重要フレーズです。本問では、すべての人々が同じ方向に歩いてはいないので不正解ですが、同じ方向に車が縦列駐車している写真や、同じ方向に走っている写真では正解の選択肢の中で使われます。

(C) は vehicle が重要単語です。「車両」を意味し、自動車、トラック、農業用トラクターなどが vehicle として表現されます。また、音も日本語読みとはまったく異なるので、十分に耳に慣らしておいてください。(D) の lean against は「もたれかかる」という意味の重要フレーズです。写真の中で、男性が街灯にもたれかかるようにして立っていたら、以下の文は正解です。

> A man is leaning against a lamp post.

また、人ではなくモノも主語にすることができ、自転車が支柱に寄りかかるようにして駐車している様子は、以下のように表現することができます。

> A bicycle is leaning against a pole.

語注

- □ **fountain** 名 噴水
- □ **board** 動 〜に乗り込む

3.

🔊 16

📛 スクリプト

(A) Chairs have been placed around tables.
(B) Shoppers are passing a dining area.
(C) Vehicles are parked along a fence.
(D) There is a pillar next to the entrance.

📛 和訳

(A) 椅子がテーブルの周りに置かれている。
(B) 買い物客が食堂を通り過ぎている。
(C) 車両がフェンスに沿って駐車されている。
(D) 柱は入口の隣にある。

正解 (A)

人が写っていない写真は、何が主語として描写されるかわかりませんが、テーブルと椅子が中央に大きく写っているので、これらに注目して音声を待ち受けるとよいでしょう。

have been placed は現在完了形の受動態です。椅子がテーブルの周りに置かれたのは過去のある時点で、今も置かれた状態にあることを描写しています。人が写真に写っていて、椅子をテーブルの周りに置いている最中の写真であれば、以下の文は正解になります。

> Chairs are being placed around tables.

なお、この問題3の写真では、以下のややトリッキーな表現が正解として出題されます。

> Chairs are unoccupied.

椅子には誰も座っていないので、席が空いている様子を描

写しています。動詞 occupy は「～を占有する」という意味です。その前に反対の意味をあらわす un- がついた unoccupied は「占有され（てい）ない」という形容詞です。

トレーニングのポイント

(B) の pass はここでは「～を通り過ぎる」という意味の他動詞として使われています。is passing と現在進行形になっているので、今まさに通り過ぎている様子をイメージしてみましょう。また、pass は自動詞として、pass under「～の下を通り過ぎる」、pass though「～を通り抜ける」という用法もあり、パート1に登場します。

(C) はパート1頻出の前置詞 along を意識してみましょう。ある程度の長さ、距離のある名詞が後ろにきます。

```
along the street      : 道に沿って
along the shoreline   : 海岸線に沿って
along a painted line  : 塗装された線に沿って
```

コアになるイメージ「～に沿って」が音と結びつくまで繰り返し聞き込んでおきましょう。

(D) の pillar は「柱」という意味の名詞です。パート1で登場する柱を意味する以下の単語と共に覚えておきましょう。

- post
- column
- pole

語注

- **pillar** 名 柱
- **next to** 隣に

4.

🔊 17

📛 スクリプト

(A) Flowers are displayed on the sidewalk for sale.
(B) Customers are selecting items from a rack.
(C) A storekeeper is packing up stock.
(D) The road is crowded with traffic.

📛 和訳

(A) 花が歩道の上で展示され、売られている。
(B) 客が商品を棚から選んでいる。
(C) 店主が在庫品を荷詰めしている。
(D) 道路が渋滞している。

正解 (A)

人が写っていない写真の問題です。場面は歩道に面した花屋の店先です。花、道路、店など主語になる候補はたくさんありますが、「(大きく写っている) 花について何かが言われるだろう」くらいにゆるく予測して待ち受けておきます。

正解 (A) では「〜を展示する」という意味の display が受動態になって、花が「展示されている」状態が描写されています。display で注意していただきたいのは、次の用法です。

> Flowers **are being displayed** on the sidewalk for sale.

これは、第2章の問題2で解説した受身の進行形で、何かがされようとしているまさにその場面を描写する時に用いられます。この例文には、花を展示しようとしている人が写っていないので、不正解のように思えますが、実は正解の選択

96　第4章　パート1の予想問題と解説

肢として成立します。文法的に説明すると、display は「動作」だけでなく「状態」をあらわすので受身の進行形で「状態」をあらわすことができる、ということになりますが、<u>display は人が写っていない写真で受身の進行形でも正解になる動詞</u>、と覚えてしまいましょう。

❌ トレーニングのポイント

(A) では写真に写っている花が Flowers とそのまま描写されていますが、(B) の items のような抽象的な語に言い換えられるのも定番ですので覚えておきましょう。

> (some) items：品々
> merchandise：商品

(D) の be crowded with traffic はパート1頻出の重要表現なので、丸ごと覚えて耳に慣らしておきましょう。また、道路が渋滞しているのはパート1だけでなくパート4でも登場するので、頻出表現をまとめておきます。

> a crowded intersection：混み合っている交差点
> be packed with   ：混んでいる
> be backed up   ：混んでいる
> traffic jam   ：交通渋滞
> heavy traffic   ：交通渋滞
> be stuck in traffic ：渋滞に巻き込まれている

❌ 語注

- **sidewalk** 名 歩道
- **storekeeper** 名 店主

5.

🗙 スクリプト

(A) Instruments are being loaded into a van.
(B) Pedestrians are watching a performance.
(C) Musicians are setting up their equipment.
(D) Repairs are being carried out on the street.

🗙 和訳

(A) 楽器がバンに積み込まれようとしている。
(B) 歩行者たちが演奏を見ている。
(C) 音楽家たちが機材の準備をしている。
(D) 道路で補修が行われている。

正解 (B)

人が写っている写真の問題ですが、やや注意が必要です。座ってドラムのようなものをたたいている人がおり、その後ろで見ている人、歩いている人、話している人など様々な状態、動作の人が写っているため、主語になる人を特定することができません。また、人を遠景から撮った写真では、モノが主語になるパターンもあります。このような場合には、写真全体を俯瞰するように柔軟性をもって音声を待ち受けるのがコツです。

本問では、後ろの方に写っている人々が演奏を見ている様子を描写した (B) が正解です。pedestrian は「歩行者」という意味で、パート1の重要単語です。

🗙 トレーニングのポイント

動詞 load は、load 〜 into... で「〜を…に積み込む」とい

う形で使われます。これが受動態になり、〜の部分が主語になったものが (A) の文です。トラックの荷台にモノが積み込まれている場面の写真は頻出なので、この英文を丸ごと覚えるまで聞き込んでおくとよいでしょう。

また、load には、load 〜「〜に積み込む」、load 〜 with …「〜に…を積み込む」という用法もあるので、合わせて覚えておきましょう。

> They're loading a van.
> A crane is loading a van with instruments.

(C) の set up は「〜を準備する」という意味です。写真に、複数の音楽家が楽器や機材を並べたり、演奏できるように設定している場面が写っていたら正解になります。動詞 set は過去分詞も同じスペルで、受身の進行形でも出題されます。

> Some items are being set up on the ground.

(D) の carry out は「〜を行う」という意味で、問題文は carry out repairs が受動態になっている形なので、車の修理などが路上で行われている写真であれば正解でした。carry out はパート5、7にも登場する表現です。

> carry out tasks　　　　　　　：仕事を行う
> carry out company business：会社の業務を行う

語注

- **performance**　名 演奏
- **equipment**　名 機材、機器

6.

スクリプト

(A) Cargo ships are lined up at the docks.
(B) People are about to board a vessel.
(C) A shelter has been erected by the water.
(D) A container is suspended from a crane.

和訳

(A) 貨物船が桟橋に並んでいる。
(B) 人々が船に乗ろうとしている。
(C) 避難所が水辺に建てられている。
(D) クレーンからコンテナがつり下げられている。

正解 (C)

人が写っていない写真の問題です。全体を見渡して主語になりそうなモノをチェックしておきます。

> ▶ 中央に写っているテントのようなもの
> ▶ 奥に写っている荷積み用のクレーン
> ▶ 湾内にある船
> ▶ 遠景にある山々

　正解はテントのようなものを shelter と表現した (C) です。日本語では「シェルター」と聞くと「核シェルター」を連想してしまいますが、英語の shelter は雨や雷などから身を守るモノを指します。本番で単語の意味が正確にわからず、回答に迷った時には、一旦保留にしておいて、(D) まで聞き取ってから、消去法を使って解答します。
　前置詞の by はここでは「〜のそばで」という意味で、by

100　第4章　パート1の予想問題と解説

the water で「水辺に」と避難所の位置を表現しています。

has の h は弱く読まれ、前の r とつながってほとんど聞こえません。復習のときに has been の部分を意識して聞き込んでおいてください。

🔲 トレーニングのポイント

dock は造船所や荷降ろし場などの港湾施設をあらわすので、(A) の at the docks はまさに写真に写っている場所のことです。また、dock は「係留する」という意味の動詞としても使われ、貨物船が係留されている様子は以下のように描写します。

> Cargo boats are docked at the docks.

なお、dock に似たスペルの単語 deck もパート 1 に登場します。板張りのスペースのことで、日本語では「テラス」が最も意味が近い場所です。イメージが湧かない場合は、google 画像検索で「deck」を調べておきましょう。

(B) の are about to は「まさに今〜しようとしているところ」という意味の助動詞の役割です。船 (vessel) に乗り込もうとしている人々を思い浮かべてみてください。

(D) の suspend は「〜をつるす」という意味の他動詞で、これが受動態になると、何かが「つり下げられている」という表現になります。天井から照明がつり下げられている写真では、以下の英文が正解になります。

> A light fixture is suspended from the ceiling.

🔲 語注

☐ **cargo ship** 貨物船
☐ **erect** 動 (建物などを) 建てる

私の満点リスニング活用法 4
斎藤 恵 さん (社会人) 735 ➡ 925

TOEICを3〜4回受験し、先読みのテクニックでリスニング400点後半のスコアが取れるようになった頃、『サラリーマン特急 満点リスニング』に出会いました。当時は先読みで得たキーワードをもとに、そこへ引っ掛かってくる音を拾って解答するスタイルでした。そのため、なんとか問題に正解出来ても、話の流れを掴めていないということが多々ありました。

本で紹介されていた『先読みフレーム』にならって、文字だけでなく、イメージとしてその場の状況を思い浮かべながら聞くように練習し始めると、以前より鮮明に、臨場感を持って全体の流れを聞けるようになり、理解度も記憶への定着度も上がりました。どうしても聞き取れない音の繋がりや、苦手なナレーターのセリフ、難しい構文などは、スクリプトで何度も確認、『キモチを込めた音読』を繰り返し、今日明日にでもネイティブ相手に使ってみよう！という意気込みで練習しました。見たいスクリプトをすぐにパッと開けるように、インデックスをつけて自分なりにアレンジすると、使いやすさが格段にアップ、本に対する愛着も湧き、私の場合はとても効果的だったように思います。

TOEICのリスニングでは、早口で抑揚のないオーストラリア人男性が出てくると、意識が飛びそうになります。でも、そこで心折れずに踏み留まるために、今、空港に、映画館に、電話口に、まさに自分がいるようなキモチで、次に起こりそうなことを予測しながら前のめりで聞く。そう心掛けています。

新形式になって、話者の意図が問われる問題が加わり、全体の流れを把握しなければ解けない問題が増えました。これからもこの本で学んだスタンスで、よりアクティブにリスニングに取り組んで行こうと思います。

第5章

パート2の
予想問題と解説

新傾向のひねった応答問題に慣れよう！

問題番号	日付	正答数
1周目	/	/20
2周目	/	/20
3周目	/	/20
4周目	/	/20
5周目	/	/20
6周目	/	/20
7周目	/	/20

パート2 ── 予想問題

7. Mark your answer on your answer sheet.
8. Mark your answer on your answer sheet.
9. Mark your answer on your answer sheet.
10. Mark your answer on your answer sheet.
11. Mark your answer on your answer sheet.

12. Mark your answer on your answer sheet.
13. Mark your answer on your answer sheet.
14. Mark your answer on your answer sheet.
15. Mark your answer on your answer sheet.
16. Mark your answer on your answer sheet.

17. Mark your answer on your answer sheet.
18. Mark your answer on your answer sheet.
19. Mark your answer on your answer sheet.
20. Mark your answer on your answer sheet.
21. Mark your answer on your answer sheet.

22. Mark your answer on your answer sheet.
23. Mark your answer on your answer sheet.
24. Mark your answer on your answer sheet.
25. Mark your answer on your answer sheet.
26. Mark your answer on your answer sheet.

7.

🗙 スクリプト

Woman: How can I change the password?

Man: (A) Ross will show you later.
(B) Whenever you like.
(C) I don't have any change, sorry.

🗙 和訳

女性：どうしたらパスワードを変更できますか。

男性：(A) Ross が後で説明します。
(B) いつでもお好きな時に。
(C) すみません、おつりを持っていません。

正解 (A)

How can I ～？はやり方を問う疑問文です。女性は男性にパスワードの変更の仕方を質問しているので、基本応答問題では、「設定画面から自分で変更する」など具体的なやり方が応答になります。

本問はひねった応答問題で、男性は自分では具体的にやり方を答えず、第三者の Ross が答えると述べています。

> **ひねった応答パターン**
> 第1話者：疑問文で情報を問う
> 第2話者：その情報は第三者が述べると応答

(B) は When (いつ) と聞き間違えた人に対するヒッカケ、(C) は change (変える) と change (おつり) のヒッカケです。

🅇 トレーニングのポイント

How can I の部分がしっかりと聞き取れるようにトレーニングをしましょう。How / can / I とぶつ切りにではなく、まとまって発話されている音を意識してリッスン&リピートしてください。

また、本問が難しいのは主語に Ross という固有名詞が使われている点です。固有名詞を聞き取るのは上級者でも難しく、特に文頭で聞き覚えのない固有名詞で動揺すると、その後の英文の構造が取れなくなってしまいます。

すべての固有名詞を事前に覚えておくのは不可能です。リッスン&リピート、そして音読によって、知らない固有名詞を聞き逃しても英文の構造を理解する力を磨いておくのが唯一の対策です。

🅇 語注

- **change** 動 〜を変更する 名 おつり
- **show** 動 〜を示す
- **later** 副 後で
- **whenever** 接 〜の時はいつでも

8.

スクリプト

Man: Where shall I put all this paper?

Woman: (A) Just by the copier is fine.
(B) By Friday at the latest.
(C) I think it was Troy.

和訳

男性：この紙をどこに置きましょうか。

女性：(A) コピー機のすぐそばでいいです。
(B) 遅くとも金曜日までに。
(C) それはトロイだったと思います。

正解 (A)

典型的な基本応答問題です。Where は場所を問う疑問詞で、紙をどこに置くのかを問うているのに対して、「コピー機のすぐそば」と場所を答えています。

なお、TOEIC でコピー機をあらわす単語は、copier の他に、photocopier があります。

(B) は when と聞き間違えた人を惑わせる選択肢で、(C) はコピーの tray から似た音の Troy を連想させるヒッカケです。

トレーニングのポイント

shall I は丁寧に相手の意向を聞くときのフレーズです。話者は顧客からの注文を受けて、コピー用紙を届けにきた配達員です。その話者になりきって、Where shall I の部分は丁寧に音読してみましょう。

選択肢 (A) (B) にはそれぞれ前置詞 by が使われていますが、意味が違います。by the copier は「コピー機のそばに」という意味です。By Friday は「金曜日までに」という意味です。

語注

□ **at the latest**　遅くとも

9.

スクリプト

Woman: Should we post the updates to the schedule on the Web site?

Man: (A) I've already sent today's mail.
(B) I'm sure he does.
(C) Not until they've been approved.

和訳

女性：スケジュールの変更をウェブサイトに掲載しますか。

男性：(A) 今日の郵便物はもう送りました。
(B) 彼がすると思います。
(C) 承認されるまではまだです。

正解 (C)

問われているのは、変更を掲載するかしないかで、掲載しないという場合の基本応答は No, we shouldn't. です。ここでは、それが省略され付加的な情報の「承認されるまで」という部分が正解になっています。

解答・解説

> **ひねった応答パターン**
> 第1話者：Yes か No を問う
> 第2話者：（Yes、No では答えず）付加的な情報で応答

トレーニングのポイント

> Should we post the updates to the schedule on the Web site?

　この英文は語数が12語あり、パート2としてはやや長めです。リスニング力が弱いと、たくさんの単語を一度に処理しきれず、文構造が取れなかったり、意味を保持できなくなってしまいます。

　長めの英文を聞き取れるようになるには、リッスン＆リピートが非常に有効です。この1文だけを集中的に10回くらいリッスン＆リピートした後に音声を聞き直してみるとその効果を実感できるはずです。

　また、いきなりリッスン＆リピートが難しいと感じるのであれば、まずは、以下のように意味のカタマリで区切って「ゆっくり音読」から始めてみてください。

> Should we post the updates / to the schedule / on the Web site?

語注

□ **post** 動 〜を掲載する
□ **update** 名 変更、更新

□ **I'm sure** （たしかにそのように）思います

> 日本語では電子メールのことを「メール」といいますが、英語では mail は電子メールではなく、郵便のことです。TOEIC でも mail と e-mail を明確に使い分けていて、パート7でその違いが解答根拠になる問題が出題されることもあるので注意しましょう。

10.

スクリプト

Man: Where's the best place to buy stationery items?

Woman: (A) I recommend it to everyone.
(B) There's a stationery store on Stevens Street.
(C) By the cabinet in the storeroom.

和訳

男性：文房具を買うのに一番良いのはどこですか。

女性：(A) それを全員におすすめします。
(B) Stevens 通りに文房具店があります。
(C) 保管庫のキャビネットのそばです。

正解 (B)

Where から始まる疑問文で、文房具を買う場所が問われています。「Stevens 通りの文房具店」と具体的な場所を答えている (B) が正解です。

解答・解説

（A）はまったく会話がつながっていません。（C）は場所を答えていますが、文房具を買う場所としては不適当なので不正解です。

本問はレベル的には初級者問題ですが、男性のセリフと正解の選択肢に同じ単語stationeryが含まれているからと解答を躊躇したあなたは立派なTOEICオタクです。

「最初のセリフで聞こえた単語を含む選択肢は不正解」は新形式でも有効なテクニックなので覚えておいて損はありません。ただし、**「最初のセリフで聞こえた単語を含む選択肢が正解になる」**こともあるのを知っていただくために本問を出題しました。

❌ トレーニングのポイント

> **Where's** the best place to buy stationery items?

Where'sの部分は「ホエア イズ」ではなく、音がつながって「ホエアリズ」のように読まれます。ただし正確に言えば、日本語の「リ」ではないので、この部分に注意をしてどのように聞こえるかをしっかりと確認してみてください。コツは**Where's**というスペルをいったん忘れて、自分の耳で聞こえたままの音を頭に入れることです。**Where's**は最頻出の場所を問う疑問文で、ほぼ毎回出題されます。この一手間をかけたトレーニングが、リスニングの基礎力アップにつながります。

❌ 語注

□ **recommend** 動 ～を推薦する
□ **storeroom** 名 保管庫

11.

スクリプト

Woman: What type of novels does Mia Jameson write?

Man: (A) Some of them were wrong.
(B) Mostly historical stories.
(C) It's the newer type.

和訳

女性：Mia Jameson はどんな種類の小説を書きますか。

男性：(A) いくつかは間違っていました。
(B) ほとんどが歴史小説です。
(C) それは新しい方のです。

正解 (B)

What type of novels と小説の種類が問われており、historical stories (歴史小説) と基本応答している (B) が正解です。

(A) は質問に対する答えになっていないので不正解ですが、Some of them were long. と聞き取ってしまうと正解に思えるヒッカケの選択肢です。(C) は type という耳に残りやすい単語を使ってヒッカケようとしています。

トレーニングのポイント

疑問詞 What の使い方をここで復習しておきましょう。

> Mia Jameson writes **historical novels**.

この太字の部分を What で問うのはこの英文です。

> What does Mia Jameson write?

これは構造もシンプルで聞き取りやすい英文です。
そして、次の英文の太字の部分を What で問うと本問の英文になります。

> Mia Jameson writes **historical** novels.
> ↓
> What type of novels does Mia Jameson write?

これも中学校で学ぶレベルの英文ですが、これらの構造の違いがあいまいなままだと、いつまでたってもスッキリと聞き取れるようになりません。この英文の構造をしっかりと意識しておいて、ゆっくりと10回音読をしておきましょう。

> What type of novels / does Mia Jameson write?

語注

- **mostly** 副 ほとんど
- **historical** 形 歴史の
   ※**historic** 形 は「歴史上重要な」という意味です

12.

スクリプト

Man: Did you make the pizza or did you buy it?

Woman: (A) I don't know how he got here.
(B) I'm not really hungry yet.
(C) It's from Tolentino's restaurant.

和訳

男性：ピザは作りましたか、それとも買いましたか。
女性：(A) 彼がどうやって来たのかわかりません。
(B) まだそんなにお腹が空いていません。
(C) Tolentino's レストランからのものです。

正解 (C)

「ピザを作った」のか「ピザを買ってきたのか」が問われています。基本応答問題の場合は、I bought it. など2択のうちの1つを答えているのが正解になります。

本問では、レストラン名を述べることで、結果的には買ってきたピザであることを示唆する、ひねった応答が正解になっています。

ひねった応答パターン

第1話者：A なのか B なのかを問う
第2話者：B であることを示唆する情報で応答

(A) は I don't know how he got it.（彼がどうやってそのピザを手に入れたのかわかりません）であれば、正解になる可能性があります。(B) は pizza ⇒ 食べもの ⇒ お腹が空く、という連想をした人に対するヒッカケです。

解答・解説

トレーニングのポイント

AまたはBを問う疑問文について復習をしておきましょう。パート2で最も多く出題されるのは以下の基本形です。

> Would you like a **window seat** or an **aisle seat**?
> 　　　　　　　　　A　　　　　　　　　　B

A、Bそれぞれが名詞のカタマリになっており、このパターンは比較的聞き取りやすいでしょう。一方、本問ではA、Bの部分が文になっています。

> **Did you make the pizza** or **did you buy it**?

読めばわかりやすい構造ですが、これをスッキリと聞き取れるためには、この構造を意識して、リッスン＆リピート、音読をしておきましょう。

語注

□ **really** 副 とても
□ **hungry** 形 空腹である

13.

スクリプト

Woman: Why don't we advertise our new lines in a magazine?

Man: (A) Thanks, but I've already read it.
(B) Actually, I arranged that yesterday.
(C) Because they were all too old.

和訳

女性：新しい商品を雑誌で宣伝してはどうでしょう。
男性：(A) ありがとう、でもすでに読みました。
　　　(B) 実は、昨日手配を済ませました。
　　　(C) なぜならば、それらはすべて古すぎました。

正解 (B)

Why don't we は何かを提案するときのフレーズで、ここでは雑誌で宣伝するというアイデアを相手に提案しています。それに対して、昨日すでに宣伝するための手配を済ませたと述べている (B) が正解です。

これまでの出題傾向では、提案をほめる (That sounds great)、賛同する (I agree with that.) など好意的な応答が正解になる場合がほとんどでしたが、本問のようにすでにその提案を実施済みであるという応答も正解になるのは新しい傾向です。

(A) は magazine ⇒ 読むもの ⇒ read と連想した人への、(C) は Why don't we を理由を問う疑問文だと誤解した人に対するヒッカケです。

トレーニングのポイント

Why don't we はパート2の定番表現です。正解するためには「提案をするときの表現」という知識を知っているだけでは不十分で、Why don't we が聞こえた瞬間に話者が提案をしている場面が浮かぶレベルになっておく必要があります。

このフレーズが使われる場面を想像してみましょう。あな

たは企業のマーケティング部の部長です。部下に新製品を拡販するためのアイデアを提案する場面をイメージして、この英文にキモチを込めて音読してください。

> Why don't we advertise our new lines in a magazine?

慣れてきたら一文丸ごと暗記して、セリフのように口に出してみると一層効果があがります。

語注

□ **advertise** 動 〜を宣伝する
□ **line(s)** 名 シリーズ製品
□ **actually** 副 実は
□ **arrange** 動 〜を手配する

14.

スクリプト

Man: Hasn't the deadline for the manuscript already passed?

Woman: (A) Congratulations on passing.
(B) No, it's next month.
(C) I wrote a couple of articles.

和訳

男性：原稿の締め切りはまだ過ぎていませんか？
女性：(A) 合格おめでとうございます。
(B) はい、来月です。
(C) 2、3の原稿を書きました。

正解 (B)

否定疑問文の問題です。問われているのは、締め切りが過ぎたのか、過ぎていないかです。過ぎていれば Yes、過ぎていなければ No で答えます。

選択肢 (B) は、No と答えているので過ぎておらず、加えて締め切りは来月であるという情報を伝えています。

(A) は passing が passed と似た音のヒッカケになっており、(C) は articles が manuscript の意味のヒッカケになっています。

トレーニングのポイント

この話者は、実は締め切りは過ぎていると心の中で思っており、相手に対してその確認を行っています。そのキモチがあるので通常の疑問文ではなく、否定疑問文を使っています。

> **Hasn't** the deadline for the manuscript already passed?

この否定疑問文に込められたキモチに気づけるようになれば、自然とこの英文がスッキリと聞こえるようになります。

そして、合わせて否定疑問文の応答の仕方にも慣れておきましょう。目の前の男性の話者から、締め切りが過ぎているかどうかを問われているあなたは、締め切りが来月であることを知っています。過ぎていないので、まず **No** と答え、その後に締め切りを付け加えているのが以下の英文です。

> **No**, it's next month.

語注

- **deadline** 名 締め切り、期限
- **manuscript** 名 原稿
- **congratulations on** ～おめでとうございます（お祝いをする時の決まり文句）
- **a couple of** 2、3の

15.

スクリプト

Woman: Which interns applied for a full-time position?

Man: (A) I think it's my turn.
(B) You can get an application at the office.
(C) Check with the human resources department.

和訳

女性：どのインターンがフルタイムの職に応募しましたか。

男性：(A) 私の番だと思います。
(B) 事務所で応募用紙を入手できます。
(C) 人事部門で確認してください。

正解 (C)

複数いるインターンの中で誰が応募をしたのかということが問われています。したがって「誰が」を答えるのが基本応答ですが、男性は何らかの事情で自分では答えず「人事部門に確認すれば」と回答をもらえる部門を紹介しています。

> ひねった応答パターン
>
> 第1話者：WH疑問文で情報を問う
> 第2話者：その情報を得られる代替手段を提案する

(A) は turn が interns との、(B) は application が applied との音のヒッカケになっています。

トレーニングのポイント

人を問う疑問詞は Who ですが、ここではモノを問う疑問詞 Which が使われている点に注目してください。複数の中からどれ、を問う場合は人でも Which を使います。この基本がわかっていないと、本番で出題された時に、思いがけず動揺してミスをしてしまいます。

Who を使うと以下の英文になります。

> Who applied for a full-time position?

この違いを理解した上で、Which interns の部分を意識して繰り返しトレーニングをしてください。

> **Which interns** applied for a full-time position?

語注

- **apply for** 〜に応募する
- **one's turn** 〜の順番
- **application** 名 応募用紙
- **check with** 〜に確認する

16.

スクリプト

Man: Where can I find out about tourist attractions?

Woman: (A) Have you tried the Web site?
(B) It attracts a lot of visitors.
(C) Yes, it's hard to find.

和訳

男性：観光名所に関する情報はどこで見つけられますか。

女性：(A) ウェブサイトを試してみましたか。
(B) 多くの訪問者を引きつけています。
(C) はい、見つけるのは難しいです。

正解 (A)

この会話の場面は、男性が旅行客、女性はツーリストインフォメーションの係員です。(A) は疑問文ですが、ウェブサイトを試したかどうかを聞いているのではなく、情報がウェブサイトにあることを示唆しています。

> Have you tried the Web site?

疑問文に対して、疑問文が正解になるのもひねった応答パターンです。

> **ひねった応答パターン**
> 第1話者：疑問文で情報を問う
> 第2話者：疑問文を使って情報を示唆

(B) は attracts と attractions の、(C) は find が、ヒッカケになっています。

🗙 トレーニングのポイント

Where can I はパート2の頻出フレーズです。お客さんが店員や窓口の係員に何かを尋ねる場面などで多く登場します。

> Where can I buy a train ticket?
> Where can I catch a bus to Washington?

本問の英文を使って耳に慣らしておきましょう。

> **Where can I** find out about tourist attractions?

Where / can / I とぶつ切りにではなく Where can I までが単語のように一息で発音します。

🗙 語注

□ **find out about**　～の情報を得る
□ **tourist attraction**　観光名所
□ **attract**　動 ～を引きつける

17.

スクリプト

Man: Do you think the guests would prefer Italian or Japanese food?

Woman: (A) I'll just have a dessert.
(B) It's probably more popular.
(C) Why don't you ask them?

和訳

男性：お客さんはイタリア料理と、日本料理のどちらを好むと思いますか。

女性：(A) デザートをください。
(B) おそらくもっと人気があるでしょう。
(C) 彼らに聞いてみたらどうですか？

正解 (C)

正解の選択肢 (C) は疑問文ですが、Why don't you は相手に対して何かを提案する時の定番フレーズです。

ゲストの食事の好みを問うている男性に対して、女性は直接自分の意見を述べずに、ゲストに聞くということを提案しています。

ひねった応答パターン

第1話者：疑問文で情報を問う
第2話者：その情報を得られる代替手段を提案する

🗙 トレーニングのポイント

Why don't you は本問のように応答文としてだけではなく、最初の話者のセリフとしても登場するパート2の頻出表現です。「提案するときのフレーズ」という理解ができたら、フレーズを聞いて「提案しているように」感じられるレベルを目指します。

> Why don't you ask them?

これは短い英文なので一文まるごと覚えてしまい、キモチを込めて繰り返しセリフを言うように暗唱します。頭に意味が染み込んできたら、男性のセリフに続けて、話者になり切って (C) のセリフを応答できれば完璧です。

🗙 語注

- **prefer** 動 〜を好む
- **probably** 副 おそらく
- **popular** 形 人気のある

18.

◀ 31

🗙 スクリプト

Man: Why aren't you coming to the training session next week?

Woman: (A) Most of the sessions.
(B) I'll be on vacation then.
(C) Great, see you there.

解答・解説

📧 和訳

男性:来週の教育研修に来られないのはなぜですか。

女性:(A) ほとんどの研修です。
(B) その頃は休暇中です。
(C) いいですね、そこでお会いしましょう。

正解 (B)

基本応答の問題です。研修に来られない理由を問われ、休暇中なのでと答えている (B) が正解です。

(A) は sessions と session のヒッカケの選択肢です。(C) は coming から there を連想した人に対するヒッカケの選択肢です。

📧 トレーニングのポイント

難問です。出だし部分の音を聞いて、文の構造がわかったでしょうか?

> **Why aren't you** coming to the training session next week?

Why aren't you は続けて読まれ、aren't you は音が変化しているので、ここでつまずいてしまうと英文の構造がわからず意味が取れなくなってしまいます。まずは、集中してこの部分の音を耳に慣らしてから、リッスン&リピート、キモチを込めた音読で文全体を頭に染み込ませておきましょう。

語注

- training session 教育研修
- most 名 大部分
- on vacation 休暇中

19.

(32)

スクリプト

Woman: I hope the board meeting doesn't run late.

Man: (A) It usually doesn't.
(B) He runs in the morning on most days.
(C) I was there until the end.

和訳

女性：取締役会が遅延しないといいのですが。

男性：(A) 普通はしません。
(B) 彼はほとんどの日に朝走ります。
(C) 最後までそこにいました。

正解 (A)

本問はやや難問です。最初のセリフが疑問文ではなく、平叙文なので、どんな応答があるのか予測することができません。hope の後ろの that が省略され、下線部全体が hope の目的語になっている文構造も、理解を難しくしています。また、run には「(会議が) 進行する」という意味があることを知らないと意味が取れません。

> I hope **the board meeting doesn't run late.**
> S V O

127

なお、正解の選択肢 (A) を省略せずに書くと以下の文になります。

> It usually doesn't run late.

(B) は runs と run のヒッカケ、(C) は late (遅い) から until the end を連想した人に対する意味のヒッカケです。

■ トレーニングのポイント

構造が複雑な英文は構造を意識しながら「ゆっくり音読」をして頭の中に定着をさせておきます。

> I hope / the board meeting / doesn't run late.

読む、聞く、読む、聞くを繰り返しておけば、本番で同じ構造の英文に出会った時にもスッキリと聞こえるようになります。

■ 語注

□ **board meeting** 取締役会
□ **usually** 副 普通は
□ **until** 前 〜までずっと

20.

スクリプト

Man: Why are the walls of this room green?

Woman: (A) We've had them repainted.
(B) Whichever color you prefer.
(C) They're very easy to clean.

和訳

男性：この部屋の壁の色はなぜ緑なのですか。
女性：(A) 塗り直したからです。
(B) お好みの色ならどれでも。
(C) 掃除をするのが簡単です。

正解 (A)

壁が緑色になっている理由が問われ、塗り直して「緑色」になったと答えている (A) が正解です。

会話として自然な流れですが、解答中にとまどった方も多いのではないでしょうか。文末に読まれる green という語が印象に残りやすいので、話者が「緑色」を話題にしていると思わせておいて、実は「色が変わった理由」を答えさせるというトリックが仕掛けられているからです。

このタイプの問題は最近出題されるようになった新傾向の問題です。余裕をもって英語を聞き取れるリスニング力が必要ですが、本問を繰り返し解いてパターンに慣れておきましょう。

解答・解説

トレーニングのポイント

> We've had them repainted.

この英文を聞き取るためには、まず文法的な理解をしておくことが必要です。had は使役動詞と呼ばれ、have + O + 過去分詞で、「O が〜される状態にする」という意味になります。

次に、この意味を感じながらゆっくりと音読をします。そして慣れてきたら徐々にスピードを上げて、キモチを込めてセリフのように言ってみましょう。

語注

- **repaint** 動 〜を塗り直す
- **whichever** 接 どれでも
- **prefer** 動 〜を好む

21.

スクリプト

Woman: You need to have that research proposal done by next Monday.

Man: (A) I'm looking for one now.
(B) It was a happy occasion.
(C) OK, it should be ready by then.

和訳

女性:研究の提案書を来週の月曜日までに仕上げる必要があります。

男性:(A) いまそれを探しています。
(B) 幸せな機会でした。
(C) はい、それまでには用意できます。

正解 (C)

女性が男性に、提案書を完成する期限が来週月曜日であるという情報を提供している場面です。それに対して、(C)では、月曜日までには完成するだろうという見通しを述べています。

(A)を「提案書を書くために必要な何か」を探しているところである、と理解してしまうと正解のように思えますが、one は同じモノを言い換える代名詞なので、会話として成り立ちません。(B)は was の代わりに is であれば、提案書を期限内に仕上げなければならないという状況を楽しんでいるとして正解の可能性がありますが、過去形なのでまったく会話がつながりません。

トレーニングのポイント

> You need to **have** that research proposal done by next Monday.

前の問題で解説した使役動詞の have が使われている英文をもう1問出題してみました。文意が異なる英文を使ってトレーニングをすれば、使役動詞 have の働きがより深く理解できるようになります。

> OK, it **should** be ready by then.

このshould は未来のことに対して「〜するだろう、するはずだ」という話者の推量、期待のキモチが込められています。復習の際には、やや強く読まれていることも意識をしてみてください。

語注

- **research** 名 研究
- **proposal** 名 提案書
- **occasion** 名 機会

22.

スクリプト

Man: Have you seen the new movie directed by Kitao?

Woman: (A) No, would I like it?
(B) Go straight and turn left at the intersection.
(C) I can help you with that tomorrow.

和訳

男性：Kitao が監督をした新作の映画を見ましたか。

女性：(A) いいえ、私はその映画が好きそうですか。
(B) 直進して、交差点を左に曲がってください。
(C) 明日にはお手伝いできます。

正解 (A)

男性が問うているのは、映画を見たか、見ていないかで、まだ見ていない女性は No と答えており、これで会話は成立しています。ただし、これだけではあまりにもぶっきらぼうで、女性はスムーズにコミュニケーションをするために、would I like it? と付け加えています。

この would は、「もし私が見たとしたらその映画が好きかしら」という「仮定」のキモチが込められています。

トレーニングのポイント

No が聞こえた時点で、(A) がほぼ正解の選択肢であると判断できますが、スッキリと全文が聞き取れ自信をもって正解にできるかどうかが、中級者と上級者の差です。そのポイントは would に込められたキモチを感じ取れるかどうかです。

> No, **would** I like it?

私だったらこの映画が好きかしら、と聞いているということは、「相手は自分の映画の好みを知っている」という関係性を示唆しています。自分の想像力を働かせ、キモチを込めてこのセリフを暗唱してみましょう。

語注

- **direct** 動 〜を監督する
- **straight** 副 まっすぐに
- **intersection** 名 交差点

23.

スクリプト

Woman: Who received the sales award for November?

Man: (A) It was for marketing.
(B) No, it was December.
(C) I don't remember.

和訳

女性：誰が11月の営業表彰を受けましたか。

男性：(A) マーケティング用でした。
(B) いいえ、12月でした。
(C) 覚えていません。

正解 (C)

女性は誰が受賞をしたかを問うていますが、男性は覚えていないと答えています。会話としては自然ですが、問題としてはひねった応答問題です。

ひねった応答パターン

第1話者：WH疑問文で情報を問う
第2話者：知らないと答える

(A) は、誰が、と問われているのに、マーケティング用（の賞）と答えている点で会話がつながっていません。(B) も、誰が、に対していいえと唐突に答えており不自然な会話になっています。

トレーニングのポイント

「知らない」と答える選択肢が正解になる問題は繰り返し出題されており、定番問題の1つと言ってもよいでしょう。この問題に本番で出会うと、肩透かしをくらったようで少し戸惑いますが、逆に慣れておけば「あ、また出たか」と余裕をもって対応できます。

他には I don't know の応答も正解になるパターンがあることを覚えておきましょう。

語注
□ **award** 名 賞

24.

スクリプト

Man: Why isn't the exhaust fan running?

Woman: (A) I turned it off earlier.
(B) It was repaired.
(C) He's been chosen by management.

和訳

男性：換気扇が動いていないのはなぜですか。

女性：(A) さっき切りました。
(B) 修理されました。
(C) 彼は管理職によって選ばれました。

解答・解説

正解 (A)

　換気扇が止まっている理由を問われ、女性は自分が切ったので今は止まっていると答えています。

　(B) は換気扇が止まっていることから、故障を連想した人に対するヒッカケです。It will be repaired. であれば、ひねった応答として正解です。

トレーニングのポイント

　問題13の類題です。本問もスクリプトを読めば簡単な問題ですが、Why isn't の部分がつながって早く読まれ別の未知の単語として聞こえてしまうと意味が取れなくなってしまいます。

> **Why isn't** the exhaust fan running?

　また、応答文の下線の部分も前後の音がつながって読まれているので確認をしておいてください。

> I **turned it off** earlier.

語注

- **exhaust fan**　換気扇
- **turn off**　電源を切る
- **earlier**　副 前に

25.

(●38)

🗙 スクリプト

Woman: Which of these mobile phones is being discounted?

Man: (A) I'll buy it, then.
(B) The one on the right.
(C) Can you show me a cheaper one?

🗙 和訳

女性：どの携帯電話が割引されていますか。

男性：(A) では、それを買います。
(B) 右のです。
(C) もっと安いのを見せてもらえますか。

正解 (B)

目の前に複数の種類の携帯電話が並んでいて、その中のどれが値引きされているかが問われており、男性は、その中から右端の携帯電話だと答えています。one は同じ種類のものの中から1つを示すときに使われる代名詞です。

(A)、(C) は会話がつながらないので不正解ですが、いずれも女性が次に言う可能性のあるセリフになっています。このパターンの誤答の選択肢は定番なので、うっかり選ばないように注意しましょう。

解答・解説

🔲 トレーニングのポイント

> Which **of these mobile phones** is being discounted?

この英文がしっくりこない方は、ここで構造を確認しておきましょう。太字の部分を省略すると以下のシンプルな英文になります。

> Which is being discounted?

この「どれが値引きされている？」という英文が骨格としてあって、それに範囲を限定するために which の後ろに of these mobile phone が付け足されてできあがった英文である、と考えると理解しやすくなります。

🔲 語注

- **mobile phone** 携帯電話 ≒ cell phone
- **on the right** 右側の
- **cheaper** 形 cheap の比較級

26.

スクリプト

Man: Mary has been promoted to head of accounting.

Woman: (A) When will she get back?
(B) It's an interesting product.
(C) She really deserves it.

和訳

男性：Mary は会計部門の長に昇進しました。
女性：(A) いつ彼女は戻ってきますか。
(B) 興味深い商品です。
(C) 彼女は十分それに値します。

正解 (C)

男性が Mary の昇進という情報を伝え、女性はその情報についての自分の意見を述べています。

本問のような平叙文は応答を予測することができないので、会話がつながるかどうかを、選択肢1つずつについて確認していきます。そのためには、男性のセリフを覚えておく必要がありますが、英語のまま覚えておく、日本語で覚えておく、あるいは会話の場面をイメージとして覚えておく、いずれの方法でもよいので、自分に合った方法を決めて練習をしておいてください。

解答・解説

✖ トレーニングのポイント

> She really **deserves** it.

　動詞 deserve は、「～に値する」という意味の動詞です。it は昇進のことを指しているので、「昇進に値する」という意味になります。日本語ではちょうど当てはまる訳語がありませんが、パート2以外にも、3、4に登場する重要単語です。本問を使って、英語のまま意味が理解できるようにしておきましょう。

　話者の女性は Mary のこれまでの働きぶりを評価しているので、昇進の話を聞いて、「昇進に値する、当然だ」と感じています。このキモチを deserve に込めて、音読をしておきましょう。

✖ 語注

□ **promote** 動 ～を昇進させる
□ **accounting** 名 会計
□ **get back** 戻る

私の満点リスニング活用法 5
笹野 淳也 さん (学生) 870 ➡ 960

　私が『サラリーマン特急　満点リスニング』に出会ったのは、800点台でスコアが停滞し900点の壁がなかなか越えられず悩んでいた時でした。私は本書で紹介されているトレーニング方法を参考にし、約3か月で全スクリプトを暗唱しました。

　トレーニング方法は、毎日家から駅までの時間で倍速シャドーイングをし、家に帰った後にお風呂の中で「キモチを込めた音読」をしていました。意味のわかる音声を習慣的に繰り返し声に出すことで、次第に英文を覚えていき、暗唱ができるようになりました。暗唱する際は手帳に全文をディクテーションし、いつでも英文を確認できる状態にしていました。

　暗唱をする際のポイントとして、ただ暗唱するだけでなく、キモチを込めた暗唱、倍速暗唱というところに気を付けました。However や Could you などの依頼表現にキモチを込めることで、PART 3, 4 では解答の根拠が聞き取りやすくなり、得点アップにも繋がりました。そして、自分でも倍速で英文を言えるようにすることで、本番での聞き取りの際、音声がゆっくり聞こえ、かなり聞き取りに余裕ができました。

　2015年10月の公開テストで900と950、二つの壁を同時に超え、960点を取ることができました。また、翌年1月の公開テストではリスニングで495点を取ることができました。暗唱で覚えたフレーズはスピーキングやライティングにもそのまま使えますし、PART 5 でも役立ち、時間短縮になります。もし現在800点台で、スコアが伸び悩んでいるのであれば、一つのスクリプトだけでもいいので暗唱をしてみることをお勧めします。

第6章

パート3の
予想問題と解説

先読みで
登場人物、場面を
予測しよう！

問題番号	日付	正答数
1周目	/	/24
2周目	/	/24
3周目	/	/24
4周目	/	/24
5周目	/	/24
6周目	/	/24
7周目	/	/24

パート3 ── 予想問題1

🔊 40

32. Who most likely are the speakers?

(A) Software designers
(B) Professional musicians
(C) Factory workers
(D) Advertising executives

33. What problem are the speakers discussing?

(A) Sales figures are unimpressive.
(B) Advertising is becoming more expensive.
(C) Customer satisfaction is low.
(D) Production is behind schedule.

34. What does the man suggest?

(A) Meeting with a client
(B) Reviewing an instruction manual
(C) Reducing prices
(D) Reading customer reviews

解答・解説

スクリプト　🔊 40

Questions 32 through 34 refer to the following conversation.

Woman: I've been reading the reviews of the Truesound car stereo system. Thanks to our strategy, their initial sales were good, but the people who bought them seem really disappointed.

Man: So, you mean that our campaign was successful, but the client's product quality was low?

Woman: That's right. I think it's up to the manufacturer to address the problem.

Man: Let's ask the clients to find some time to discuss our concerns. I really believe this product has a lot of potential if they can overcome these issues.

32. 正解 (D)

話者は自分で自分が何者なのかは言わない場合がほとんどなので、会話の中からヒントになる情報を聞き取って正解を選ぶ必要があります。

まず、女性のセリフ、"Thanks to our strategy"「我々の戦略のおかげで」から、企業などの組織で戦略を立案し、それを評価する立場の人達であることがわかります。

次に、男性のセリフ、"our campaign was successful"「我々のキャンペーンは成功した」から、話者の仕事はキャンペーンを行う仕事であることがわかるので、正解は (D) です。

このように、正解を選ぶヒントが全体に散りばめられてお

り、会話を最後まで聞くに従って話者が誰なのかを特定しやすくなるので、設問2、3を先に解いてからこの設問を解くのも有効な解法です。

33. 正解 (C)

会話の中で述べられている問題が何かについて問われています。

女性のセリフ、"**but** the people who bought them seem really disappointed"「しかし、購入者はとてもがっかりしているようです」によって問題点が示され、これを"Customer satisfaction is low."「顧客満足度が低い」と言い換えた (C) が正解です。

but は前に述べた事とは異なる内容を続ける時に使われる接続詞で、後に述べられる内容が正解のヒントになることがあります。特に、本問のように「起こっている問題」が問われている時は but の後を注意して聞くようにしてください。

34. 正解 (A)

男性が何を提案しているかが問われています。

男性のセリフ、"Let's ask the clients to find some time to discuss our concerns."「クライアントに、我々の懸念について話し合う時間を作ってもらおう」が正解のヒントになっており、これを"Meeting with the client"「クライアントに会う」と言い換えた (A) が正解です。

Let's 〜はパート3の会話の中で、話者が何かを提案する時に使われる最も典型的なフレーズです。他には以下のフレーズも頻出なので合わせて覚えておきましょう。

> ▶ Why don't we 〜 ?
> ▶ Why don't you 〜 ?
> ▶ Please 〜

語注

- **initial** 形 当初の
- **address** 動 〜に対処する
- **concern** 名 懸念
- **potential** 名 可能性、将来性
- **overcome** 動 〜を克服する
- **unimpressive** 形 印象的でない

和訳

問題32〜34は次の会話に関するものです。

女性：Truesound カーステレオのレビューを読んでいたところです。我々の戦略のおかげで、当初の売り上げは良かったのですが、購入者はとてもがっかりしているようです。

男性：つまり、我々のキャンペーンは成功したけれど、クライアントの製品の質が悪かったということ？

女性：その通りです。メーカーはこの問題に対処する責任があると思います。

男性：クライアントに、我々の懸念について話し合う時間を作ってもらおう。この製品は、その問題さえ克服すればすごく将来性があると思うよ。

32. 話し手たちはおそらく誰ですか。

(A) ソフトの設計者
(B) プロのミュージシャン
(C) 工場労働者
(D) 広告担当役員

33. 話し手たちは何の問題について話していますか。

(A) 売上高がぱっとしない。
(B) 広告がさらに高くなっている。
(C) 顧客満足度が低い。
(D) 製造が予定より遅れている。

34. 男性は何をするよう提案していますか。

(A) クライアントに会う
(B) 取扱説明書を見直す
(C) 価格を下げる
(D) カスタマーレビューを読む

先読みのポイント

32. Who most likely are the speakers?

33. What problem are the speakers discussing?

34. What does the man suggest?

これらの設問から以下のことが予測できます。

① 話し手は同じ職業である。
  （お客と店員の会話ではない）
② 何か問題があり、その解決策が話し合われる
③ 後半の男性のセリフで解決策が提案される

解答・解説

トレーニングのポイント

ポイント1

the people **who bought them** seem really disappointed.

主語は the people で、後ろから who bought them が修飾しています。この英語独特の修飾の方法をマスターすることが、リスニング力の基礎になります。ここがグラグラしていると、いくらトレーニングを積んでも伸び悩みます。

まずは、「ゆっくり音読」で英語の語順のまま理解ができるようにしておきます。スラッシュで一旦止まり、意味、構造を確認できたら、次のスラッシュまでを読みます。

the people / who bought them / seem / really disappointed.

the people と who bought them のところは、以下のように意識をすると後ろから修飾していく感覚がつかめるでしょう。

the people （どんな人々かというと）who bought them

まず、スパッと伝えたい事（people）を言って、続けてその説明（who bought them）を付け加えていく感覚を身に付けてください。

ポイント2

you mean that our campaign was successful, but the client's product quality was low?

語順は平叙文ですが、口語ではしばしば相手の言った内容を確認する疑問文として使われるフレーズです。文末に？マークがついており、上げ調子で読まれている点に注意してください。

mean は「〜を意味する」という意味の動詞で、目的語として後ろに that 節をとり、その中が相手に確認をとりたい内容です。ここでは、女性が "**but** the people who bought them seem really disappointed"「しかし、購入者はとてもがっかりしているようです」と述べたことについて、男性が確認をとっているのです。

わかりやすいように意訳をすると「あなたが購入者はとてもがっかりしているようだと言ったのは、つまりキャンペーンは成功したけれども、クライアント製品の品質が低かったということですか？」という意味です。

ポイント3

I think **it's up to** the manufacturer to address the problem.

be up to 〜は「〜の責任である」という意味で、ここでは "to address the problem"「問題に対処すること」はメーカーの責任だと述べています。

be up to は It's up to you. というフレーズでよく使わ

れ、この場合は「あなた次第です」という意味になります。

なお、以下の up to は「最大」という意味で使われています。

> It will take up to six months for us to complete the project.
> 「そのプロジェクトを完成させるには、最大で6カ月かかります」

パート3——予想問題2

35. What does the woman want to discuss with the man?

(A) A job applicant
(B) A marketing strategy
(C) A client meeting
(D) A remodeling project

36. Where does the man say he is taking a client?

(A) To a factory
(B) To a construction site
(C) To some apartments
(D) To a photography studio

37. What does the woman suggest?

(A) Taking public transportation
(B) Checking the weather
(C) Calling a client
(D) Viewing a timetable

解答・解説

✖ スクリプト　　　🔊 41

Questions 35 through 37 refer to the following conversation.

Woman: Hello, Peter. I'd like to discuss the plans to renovate the lobby this afternoon. Do you have any time?

Man: I'm sorry, not today. I'm taking a client to look at some apartments in Underwood this afternoon.

Woman: That's fine, but we have to discuss this soon. I hope you're not planning on driving to Underwood. There's a huge traffic jam due to the construction work. You'd better take the train.

Man: I'll be fine. I'm going to leave an hour early, just in case.

35.　正解 (D)

女性が男性と話し合いたいことが問われています。

女性は、"I'd like to discuss the plans to renovate the lobby this afternoon." 「今日の午後、ロビーの改装計画について話し合いたい」と述べており、これを "A remodeling project"「改装の計画」と言い換えた (D) が正解です。

女性が話したいことは女性のセリフにヒントがあるだろう、と見当をつけておくとよいでしょう。

36. 正解 (C)

男性が顧客を連れていこうとしている場所について問われています。

男性のセリフ、"I'm taking a client to look at some **apartments** in Underwood this afternoon."「午後、Underwoodのアパートを見せにお客様をお連れすることになっています」がヒントで、正解は (C) です。

ここで注目したいのはこのセリフです。

> I'm sorry, not today.

女性の、話があるので時間があるか、という問いかけに対して、「今日は無理だ」と**否定的に答えている**からです。設問33で解説した but と同じように、ここは文脈の変化点で、この後に重要な情報が述べられ、それが正解のヒントに絡むことが多いのです。

37. 正解 (A)

女性が提案していることについて問われています。

女性のセリフ、"You'd better take the train"「電車で行ったほうがいいわよ」を言い換えた (A) が正解です。

語注

- **renovate** 動 〜を改装する
- **traffic jam** 交通渋滞
- **construction work** 工事
- **applicant** 名 応募者

解答・解説

和訳

問題35〜37は次の会話に関するものです。

女性：ねえ、Peter。今日の午後、ロビーの改装計画について話し合いたいの。時間取れる？

男性：すみません、今日は無理です。午後、Underwoodのアパートを見せにお客様をお連れすることになっています。

女性：わかりました、でも早めに話し合う必要があるわ。Underwoodまでは車で向かうつもりじゃないわよね。工事をしていてひどい交通渋滞になっているから、電車で行った方がいいわよ。

男性：大丈夫だと思います。念のため1時間早く出るつもりです。

35. 女性は男性と何について話し合いたいですか。

  (A) 就職希望者
  (B) マーケティング戦略
  (C) 顧客との打ち合わせ
  (D) 改装の計画

36. 男性は顧客をどこへ連れて行くと言っていますか。

  (A) 工場
  (B) 建設現場
  (C) アパート
  (D) 写真スタジオ

37. 女性は何をするよう提案していますか。

  (A) 公共機関を利用する
  (B) 天気を確認する
  (C) 顧客に電話する
  (D) 時刻表を見る

先読みのポイント

35. What does the woman want to discuss with the man?
36. Where does the man say he is taking a client?
37. What does the woman suggest?

これらの設問から以下のことが予測できます。

① 話者は女性と男性の2名である
② 男性が顧客をどこかに連れていこうとしている
③ 女性が後半に何かを提案する

トレーニングのポイント

ポイント1

> **I'm taking** some clients to look at some apartments in Underwood this afternoon.

この現在進行形は、現在起こっていることではなく、すでに計画されている未来のことをあらわしています。文法的には基本知識ですが、リスニングでこれをスッキリと聞き取るために、音と意味をつなげておきましょう。

あなたは不動産屋の営業で、今日の午後に訪れてくるお客さんをいくつかの物件に連れていく予定になっています。その場面を思い浮かべ、I'm taking にキモチを込めて音読をしておきましょう。

ポイント2

> スクリプト：I'm **going to** leave an hour early, just in case.
> 音声：I'm **gonna** leave an hour early, just in case.

新形式から登場した口語表現です。

慣れてしまえば聞き取りやすい音なので、繰り返し聞き込んでおいてください。また、新形式では以下の口語表現も登場するようになったので合わせて覚えておいてください。

> I **wanna** leave an hour early, just in case.
> ＝ま I want to leave an hour early, just in case.

パート3 ── 予想問題3

38. What does the woman ask the man to do?

(A) Return stationery supplies
(B) Purchase food items
(C) Repair cleaning equipment
(D) Reserve event tickets

39. What does the woman imply when she says, "They'll have dinner at home"?

(A) Some guests will not accept an invitation.
(B) It is not necessary to supply a meal.
(C) Some employees will not be available to work.
(D) The company will not supply food for employees.

40. What does the man ask about?

(A) A dinner menu
(B) A department budget
(C) A delivery cost
(D) A closing time

スクリプト

Questions 38 through 40 refer to the following conversation.

Man: Hi. Trevor Noah speaking.

Woman: Hi, Trevor. It's Amanda. Are you still on your way back from Southport?

Man: I sure am. Do you want me to pick something up?

Woman: Yeah. Some of the staff will be working late this evening. Would you mind getting them something to eat?

Man: No problem. I'll just buy some doughnuts, cookies and chocolate bars? Is that all you need?

Woman: I'm sure it's more than enough. //They'll have dinner at home.//

Man: OK. I'll be back in about 30 minutes. What time do you think we'll shut the office tonight?

Woman: Oh, seven o'clock at the latest.

38. 正解 (B)

女性が男性に依頼していることが問われています。

女性のセリフ、"Would you mind getting them something to eat?"「何か食べ物を買ってきてもらえるかしら」が決定的なヒントになっており正解は (B) です。

これ以外にも以下のセリフにはヒントが含まれており、それらを関連付けることで正解を選べるようになっています。

> Do you want me to **pick something up**?
> 「何か買ってくるものがありますか？」

> I'll just **buy some doughnuts, cookies and chocolate bars**?
> 「ドーナツ、クッキーやチョコレートを買っていこうと思います」

　疑問詞 What で始まる設問は、話者が一度だけヒントを言う場合が多いですが、本問のように複数回ヒントがあらわれる問題も出題されます。正解のヒントを聞き逃した！と思っても、聞き取れた情報をつなぎ合わせ推測をして、最善の答えを選ぶことが大切です。

39. 正解 (B)

　難しめの意図を問う設問です。自信を持って正解を選べた方は、文脈を追って英語が聞き取ることができる力をお持ちです。

> **They**'ll have dinner at home.

　正解を選べたかどうかは、この They が女性の1つ前のセリフにある Some of the staff であることに気づけたかどうかにかかっています。

> **Some of the staff** will be working late this evening.

解答・解説

　この2人の会話は、食料を買ってくることが主題ですが、その食料は遅くまで残業をするスタッフのためのものであることが最初に示されていたのでした。

　そして、"some doughnuts, cookies and chocolate bars" 男性が「買おうとしているもの」を述べた後に、女性にこれで十分かどうかを尋ねています。

> Is that all you need?

　それに対して女性は十分であると答えています。

> I'm sure it's more than enough.

　それに続けて述べられている設問の英文は、十分である理由を述べているのです。

> **They**'ll have dinner at home.

　つまり、食料を食べるスタッフは夕食は家で食べるので、男性が買おうとしている食料 (some doughnuts, cookies and chocolate bars) 以外は買い足す必要がない、ということを述べている (B) が正解になっています。

40. 正解 (D)

　男性が尋ねていることが問われています。

　男性のセリフ、"What time do you think we'll shut the office tonight?"「今夜は何時に事務所を閉めようと思っていますか？」がヒントになり、shut the office を closing time と言い換えた (D) が正解です。

言い換え表現

shut the office　☞　closing time
(事務所を閉める [時間])　　(終業時刻)

語注

- **at the latest** 遅くとも
- **stationery** 名 事務用品
- **budget** 名 予算

和訳

問題38～40は次の会話に関するものです。

男性：はい、Trevor Noah です。

女性：もしもし Trevor、Amanda です。まだ Southport からの帰り道？

男性：そうです。何か買ってくるものがありますか？

女性：ええ。スタッフの数名が今夜は残業することになりそうなの。何か食べ物を買ってきてもらえるかしら。

男性：わかりました。ドーナツ、クッキーやチョコレートを買っていこうと思います。それで足りますか？

女性：十分よ。夕食は家で食べるでしょうから。

男性：では、30分後には戻れると思います。今夜は何時に事務所を閉めようと思っていますか？

女性：あぁ、遅くとも7時にはね。

38. 女性は男性に何をするよう依頼していますか。

    (A) 事務用品を返品する
    (B) 食料品を購入する
    (C) 掃除道具を修理する
    (D) イベントのチケットを予約する

39. 女性が "They'll have dinner at home" と言う際、何を意図していますか。

(A) 数人のゲストが招待に応じない。
(B) 食事を提供する必要はない。
(C) 何人かの従業員は働くことができない。
(D) 会社は従業員に食べ物を提供しない。

40. 男性は何を尋ねていますか。

(A) 夕食のメニュー
(B) 部署の予算
(C) 配送料
(D) 終業時刻

先読みのポイント

38. What does the woman ask the man to do?

39. What does the woman imply when she says, "They'll have dinner at home"?

40. What does the man ask about?

これらの設問から以下のことが予測できます。

> ① 話者は女性と男性の2名である
> ② "They'll have dinner at home" というセリフを女性が言う
> ③ 男性が後半で何かについて尋ねる

トレーニングのポイント

ポイント1

> Ⓐ Do you want **me** to pick something up?

簡単そうな英文ですが、リスニングでは初中級はついうっかり聞き間違えてしまう英文です。そして、聞き間違えるとまったく意味が違ってしまうので、話の流れがわからなくなってしまいます。

この疑問文は、「**私が**何かを買ってきましょうか」と相手に質問しています。一方、以下の英文はまったく意味が違います。

> Ⓑ Do you want to pick something up?

これは、相手に対して「**あなたは**何か買いたいものがありますか」と問う時の疑問文です。

この間違いは、want to do の用法を先に学ぶとその印象が強く残り、リスニングの際に頭の中でⒶの英文をⒷに無意識に書き換えてしまっているために起こります。

Ⓐの英文はパート2、3でよく出てくるので、本問の音声を使ってマスターしておきましょう。ネイティブの発音をよく聞いてみると、want me のところは、t が消えて wan me のように発話されています。

音に慣れたら今度は、帰社途中の男性になりきってⒶの英文をセリフのように音読、暗唱しておきましょう。

ポイント2

> Would you **mind** getting them something to eat?

　Would you mind は相手に何かを頼むときのフレーズで、これもパート2、3に頻出です。mind は「〜が気になる、〜を嫌に思う」という意味なので、直訳すると以下の意味になります。

> 「彼らに何か食べ物を買ってくるのを、**嫌に思いますか？**」

　これに対して、**No problem.** と答えているのは嫌に思わない、つまり買ってきてもいい、という意味になります。
　同様に、Would you mind に対する、「いいですよ」の応答、Not at all. も合わせて覚えておきましょう。

パート3——予想問題4

41. What does the woman say about the television commercial?

(A) The filming location has changed.
(B) The cost has gone up.
(C) It has been canceled.
(D) It is behind schedule.

42. What most likely is the television commercial for?

(A) A real estate agency
(B) A bank
(C) A car dealership
(D) A supermarket

43. What does the man say he will do next?

(A) Watch a promotional video
(B) Access a Web site
(C) Make a payment
(D) Set up an appointment

解答・解説

スクリプト 🔊43

Questions 41 through 43 refer to the following conversation.

Woman: I asked the production company to change the filming location of the television commercial. Our clients at Regal Cars and Trucks requested a seaside location, so it's been changed to Brighton.

Man: Shall I attend the filming to give advice as a representative of the advertising agency?

Woman: Good, and could you make time to pay Regal Cars and Trucks a visit afterward? You should let them know everything is going fine.

Man: I'll call them now. I hope someone has time to meet me.

41. 正解 (A)

女性がテレビコマーシャルについて述べている内容が問われています。

女性は "I asked the production company to change the **filming location** of the television commercial."「制作会社にテレビコマーシャルの撮影場所を変えるように頼みました」と述べているので、テレビコマーシャルの撮影場所が会話の主題であることがわかります。

また、次の女性のセリフ "it's been changed to Brighton"「Brighton に変更になります」によって、撮影場所はすでに変更になっていることがわかるので、正解は (A) です。

42. 正解 (C)

テレビコマーシャルが何のためのものかが問われています。

女性のセリフ、"Our clients at **Regal Cars and Trucks** requested a seaside location"「クライアントである Regal Cars and Trucks が、海辺のロケを希望した」によって、このテレビコマーシャルの依頼主は Regal Cars and Trucks 社であることがわかります。

また、Regal Cars and Trucks という社名から、この会社が依頼したテレビコマーシャルは自動車関連であると推測をした (C) が正解です。

43. 正解 (D)

男性が次にすることが問われています。

最後のセリフ、"I'll call them now."「いま電話してみます」、"I hope someone has time to meet me."「誰か会ってくれるといいのですが」から、男性はこれからスケジュールの確認をして訪問の約束をすることがわかるので、(D) が正解です。

語注

- **representative** 名 代表者、担当者
- **agency** 名 代理店
- **afterward** 副 あとで

和訳

問題41〜43は次の会話に関するものです。

女性：制作会社にテレビコマーシャルの撮影場所を変えるように頼みました。クライアントである Regal Cars and Trucks が、海辺のロケを希望したので、Brighton に変更になります。

男性：広告代理店を代表して意見を出すため、撮影に立ち会いましょうか。

女性：そうね、それと、あとで Regal Cars and Trucks を訪問する時間はありますか？ すべて順調に進んでいると伝えておいた方がいいわ。

男性：いま電話してみます。誰か会ってくれるといいのですが。

41. 女性はテレビコマーシャルについて何と言っていますか。

    (A) 撮影場所が変更になった。
    (B) コストが増加した。
    (C) 取りやめになった。
    (D) 予定より遅れている。

42. おそらく何のテレビコマーシャルですか。

    (A) 不動産業者
    (B) 銀行
    (C) 自動車販売代理店
    (D) スーパーマーケット

43. 男性は次に何をすると言っていますか。

    (A) プロモーションビデオを見る
    (B) ウェブサイトにアクセスする
    (C) 支払いをする
    (D) 約束を取り付ける

先読みのポイント

41. What does the woman say about the television commercial?
42. What most likely is the television commercial for?
43. What does the man say he will do next?

これらの設問から以下のことが予測できます。

① 会話の中でテレビコマーシャルについて話される
② 後半で男性が次にすることが述べられる

会話の中で television commercial がそのまま登場せず別の単語に言い換えられる可能性はありますが、先読みの段階では television commercial に意識をして、頭の中で音読をして音の確認をしておくとよいでしょう。

設問43の正解のヒントは男性の最後のセリフに含まれていると予測するのが定石ですが、例外として以下のように別の話者が話すパターンがあることも覚えておいてください。

女性：Regal Cars and Trucks 社とのアポをお願いします
男性：はい、わかりました

トレーニングのポイント

ポイント

> could you **make time** to pay Regal Cars and Trucks a visit afterward?

make time は直訳すると「時間を作る」ですが、could you make time to 〜?で、「〜をしていただけませんか」という丁寧な依頼の表現になります。以下の英文との違いを確認しておいてください。

> could you pay Regal Cars and Trucks a visit afterward?

また、pay 〜 a visit は「〜を訪問する」という意味のフレーズで、pay a visit to 〜で言い換え可能です。

> **pay** Regal Cars and Trucks **a visit**
> ≒ **pay a visit to** Regal Cars and Trucks

いずれも、TOEIC に登場するフレーズなので覚えておきましょう。

パート3――予想問題5

Model	Price
Coloway 893 (Black and White)	$1,200
Docupro 34 (Color)	$1,670
Maxmark 63A (Black and White)	$1,740
Finepress 762 (Color)	$2,300

44. What kind of device has the art department requested?

(A) A fax machine
(B) A computer
(C) A printer
(D) A scanner

45. Who most likely is Mr. Patel?

(A) A client
(B) A supplier
(C) A manufacturer
(D) A supervisor

46. Look at the graphic. How much will the company most likely pay for the order?

(A) $1,200
(B) $1,670
(C) $1,740
(D) $2,300

解答・解説

スクリプト 🔊44

Questions 44 through 46 refer to the following conversation and price list.

Man: I have received a request from the art department for a new printer. They need one that can handle banners and really large posters.

Woman: Yeah, I spoke with Mr. Patel, their department head, about that yesterday. He said he wants to be able to produce color documents.

Man: Hm ... They're not cheap.

Woman: Well—the most we can afford is two-thousand dollars, so get them the best one you can within that budget. Do you have the brochure I sent you yesterday?

Man: OK. I'm looking at it. The next most expensive one only prints black and white.

Woman: I'll leave it up to you.

44. 正解 (C)

美術部門によって求められている機器が何かについて問われています。

冒頭の男性のセリフ、"I have received a request from the art department for **a new printer**."「美術部門から、新しいプリンターについての要望を受けました」によって、正解は (C) であるとわかります。

45. 正解 (D)

Patel が誰なのかが問われています。

女性のセリフ、"I spoke with Mr. Patel, **their department head**, about that yesterday"「部門長の Patel さんと昨日そのことについて話しました」にある department head を supervisor に言い換えた (D) が正解です。

言い換え表現

department head ☞ supervisor
（部門長）　　　　　　　（管理者）

46. 正解 (B)

図表問題です。問われているのは、話者の会社が依頼に対して支払うのはいくらかです。本問では会話の中で2つの条件が述べられ、それに該当するものを表から選ぶ必要があります。

まず、女性のセリフ、"He said he wants to be able to produce **color** documents."「カラー文書を作れるようにしたいと言っていたわ」によって、カラー印刷できる2機種に絞られます。

```
条件1（カラー印刷可能）
  Docupro 34 (Color)　 ：$1,670
  Finepress 762 (Color)：$2,300
```

次に、女性のセリフ、"the most we can afford is two-thousand dollars, so get them the best one you can within that budget"「出せて2000ドルまでだから、その予

算の中で一番いいものを購入してあげましょう」によって、2000ドル以下が条件であることがわかります。

> 条件1（カラー印刷可能）かつ条件2（2000ドル以下）
> Docupro 34 (**Color**) ：$1,670

語注

- banner 名 横断幕、垂れ幕
- afford 動 ～を買うことができる

和訳

問題44～46は次の会話と価格表に関するものです。

男性：美術部門から、新しいプリンターについての要望を受けました。横断幕やすごく大きなポスターにも使えるものが必要とのことです。

女性：ええ、部門長のPatelさんと昨日そのことについて話しました。カラー文書を作れるようにしたいと言っていたわ。

男性：んん、安くはないですね。

女性：ええ。出せて2000ドルまでだから、その予算の中で一番いいものを購入してあげましょう。昨日あなたに送ったカタログはありますか？

男性：はい。それを見ています。2番目に高いものはモノクロ用ですね。

女性：あとはあなたに任せるわ。

モデル	価格
Coloway 893（モノクロ）	1200ドル
Docupro 34（カラー）	1670ドル
Maxmark 63A（モノクロ）	1740ドル
Finepress 762（カラー）	2300ドル

44. 美術部門が求めているのはどのような機器ですか。

    (A) ファックス
    (B) コンピューター
    (C) プリンター
    (D) スキャナー

45. Patelさんとはおそらく誰ですか。

    (A) 顧客
    (B) 卸売業者
    (C) 製造業者
    (D) 管理者

46. 図を見てください。会社はおそらくその注文にいくら支払いますか。

    (A) 1200ドル
    (B) 1670ドル
    (C) 1740ドル
    (D) 2300ドル

先読みのポイント

44. What kind of device has the art department requested?

45. Who most likely is Mr. Patel?

46. Look at the graphic. How much will the company most likely pay for the order?

(A) $1,200
(B) $1,670
(C) $1,740
(D) $2,300

これらの設問から以下のことが予測できます。

解答・解説

> ① the art department が会話に登場する
> ② Mr. Patel が会話に登場する
> ③ 表の Model の列がヒントになる

設問 46 は図表を見て答える設問であることがわかるので、選択肢も先読みしておきます。選択肢に並んでいる値は、表の Price 列の値と同じなので、会話の中では Model 列の情報がヒントになることがわかります。

この列に注目する！

Model	Price
Coloway 893 (Black and White)	$1,200
Docupro 34 (Color)	$1,670
Maxmark 63A (Black and White)	$1,740
Finepress 762 (Color)	$2,300

Model 列には、Coloway 893 などの製品名と、Black and White または Color のように機能が混在しており、先読みの時点ではどちらがヒントになるかわかりませんが、音声が流れる前にこの列に意識を集中させておくことが大切です。

トレーニングのポイント

ポイント1

> I spoke with Mr. Patel, **their department head**, about that yesterday.

英語で2つの事を並べて話すと、後に言った事は前の説明になっている、というルールがあります。ここではPatelが部門長であることを後ろから説明しています。

スクリプトを読めば、their department headの前後がカンマによって区切られているので、このルールを意識しなくても視覚的に構造がわかりますが、リスニングでは音だけを頼りにこのルールを意識しながら構造を取らないと意味が取れません。

その力をつけるトレーニングとしても、「ゆっくり音読」が有効です。まず、文頭からここまで読みます。

> I spoke with Mr. Patel

これだけでは相手にPatelが誰なのかが伝わらないと思い、Patelの立場を付け加え、最後まで読みます。

> I spoke with Mr. Patel, **their department head**, about that yesterday.

この、相手に伝えたい情報を後から付け足していくという英語の感覚を「ゆっくり音読」で身に付けましょう。

解答・解説

ポイント2

> so get them the best one you can within that budget.

この英文が苦手と感じた方は、構造を確認しておきましょう。

get は目的語を2つとることができる動詞で、get O_1 O_2 で「O_1 のために O_2 を手に入れる」という意味になります。

> so **get** them the best one you can within that
> budget.　O_1　　O_2

ここでは、「彼ら（美術部門の人たち）のために、一番いいもの（プリンター）を買う」という意味になります。まず、この英文の基本構造を理解しましょう。

次に、省略されている語があるので、それらを補ってみます。

> so get them the best one (**which**) you can (**get**) within that budget.

つまり、先行詞 the best one を目的格の関係代名詞が後ろから修飾しています。また、the best one は get の目的語になっています。

以上の構造を頭に入れて、語順の通りに意味が取れるように「ゆっくり音読」をしておきましょう。

パート3 ── 予想問題6

(45)

47. Who most likely is Ms. Daniels?

(A) A producer
(B) A writer
(C) An actor
(D) A reviewer

48. What does Mr. Wang say about Boston?

(A) He grew up there.
(B) He went to university there.
(C) He recently moved there.
(D) He will meet a publisher there.

49. What problem does Ms. Daniels mention?

(A) The cost of transportation is too high.
(B) The theater is fully booked.
(C) She cannot meet a deadline.
(D) Her schedule is full.

解答・解説

スクリプト　(●45)

Questions 47 through 49 refer to the following conversation.

Man: Hi, Ms. Daniels. My name is Brad Wang—I'm from the Stinson Theater in Boston. I attended your company's performance of *Pirate Kings* last week.

Woman: Thanks for coming. I've produced plays in Boston in the past. I'm sure we've met before.

Man: Well … uh … I just came to Boston recently … I moved here from Philadelphia. I'm calling to invite you to Boston with your cast and crew. The Stinson Theater is interested in hosting you for two or three months.

Woman: I'm sorry, but we've just made an agreement with a theater in New York. Our schedule is full until next year.

47. 正解 (A)

Daniels が誰なのかが問われています。

人物名が問われた場合、その人物がどの話者なのか、あるいはその場にはいない第三者なのかを見極めます。

男性は冒頭に、"Hi, Ms. Daniels." 「もしもし、Daniels さん」と呼びかけているので、相手の女性が Daniels であることがわかります。

次に、"I attended **your company's performance** of *Pirate Kings* last week." 「先週、あなたの劇団の公演「Pirate Kings」

を拝見いたしました」によって、Daniels は演劇に関する仕事をしていることがわかります。

そして、女性のセリフ、"I've **produced plays** in Boston in the past."「以前ボストンで舞台をプロデュースしたことがあるわ」から、正解は (A) です。

48. 正解 (C)

Wang が Boston について何と言っているかが問われているので、まず Wang が誰なのかを特定する必要があります。

冒頭のセリフ、"My name is Brad Wang"「私は Brad Wang と申します」によって、男性が Wang であることがわかります。

次に Wang は "Well ... uh ... I just came to Boston recently ... I moved here from Philadelphia."「えっと、あー、私は最近ボストンに来たばかりなんです。フィラデルフィアからこちらに越してきました」と述べているので、正解は (C) です。

49. 正解 (D)

Daniels が述べる問題は何かが問われています。

Daniels の最後のセリフ、"Our schedule is full until next year."「来年までスケジュールがいっぱいなの」が直接的な正解のヒントになっています。

解答・解説

> 従来はパート3では会話の冒頭、途中で提示された問題について解決策やアドバイスが示される、というのが典型的な話の展開でしたが、本問のように問題が提示されたまま会話が終わってしまうというパターンも登場し始めました。現実世界では仕事でも家庭でも簡単には片付かない問題が多いので、TOEIC の世界が現実に近くなってきたということでしょうか。

語注

- **recently** 副 最近
- **cast** 名 出演の俳優たち
- **crew** 名 作業員、(一緒に仕事をする)グループ
- **agreement** 名 契約
- **grow up** 成長する、育つ
- **publisher** 名 出版者、出版社
- **deadline** 名 締め切り、期限

和訳

問題47〜49は次の会話に関するものです。

男性：もしもし、Daniels さん。私は Brad Wang と申しまして、ボストンの Stinson 劇場の者です。先週、あなたの劇団の公演「Pirate Kings」を拝見いたしました。

女性：来てくださりありがとう。以前ボストンで舞台をプロデュースしたことがあるわ。前にも会っているでしょうね。

男性：えっと、あー、私は最近ボストンに来たばかりなんです。フィラデルフィアからこちらに越してきました。あなたを、出演者と裏方さんも一緒に、ボストンへお呼びしたくてご連絡しています。Stinson 劇場としましては、2〜3カ月間の興業をしたいと思っています。

女性：ごめんなさい、ニューヨークの劇場と契約を交わしたばかりで、来年までスケジュールがいっぱいなの。

47. Daniels さんはおそらく誰ですか。

(A) プロデューサー
(B) 作家
(C) 俳優
(D) 評論家

48. Wang さんは Boston について何と言っていますか。

(A) そこで育った。
(B) そこで大学に通った。
(C) 最近そこへ引っ越した。
(D) そこで出版者と会う。

49. Daniels さんは何の問題について述べていますか。

(A) 交通費が高すぎる。
(B) 劇場はすべて予約されている。
(C) 期限に間に合わない。
(D) 彼女のスケジュールが埋まっている。

先読みのポイント

47. Who most likely is Ms. Daniels?
48. What does Mr. Wang say about Boston?
49. What problem does Ms. Daniels mention?

これらの設問から以下のことが予測できます。

> ① Daniels が会話の中に登場する
> ② Wang が会話の中に登場する
> ③ Boston がキーワードになる
> ④ Daniels は話者のどちらかである

本問のように、最初の話者の出だしのセリフには、自分、相手の名前、立場など問題を解く上で重要な情報が含まれてい

解答・解説

る場合があるので、特に集中力を高めて聞き洩らさないようにしてください。

🗒 トレーニングのポイント

　直接的な正解のヒントが出てくるので、問題を解くという視点で言うと簡単なセットのはずなのですが、意外と間違えたという方が多かったのではないでしょうか。

　その原因は、会話の中に人物名、都市名などの固有名詞がたくさん登場するので、頭の中の整理が追い付かず、重要な情報を聞き洩らしてしまうからなのです。

　中級者と上級者を分ける問題とは、実はこのようなタイプの問題です。テクニックが効かない、リスニングの基礎力が試される問題だからです。

　間違えた原因を、「うっかり聞き洩らした」と不注意のせいにせず、真摯に自分のリスニング力の問題であると認め、ブラッシュアップのきっかけにすることが大切です。

　設問のことは一度忘れ、繰り返し音声を聞く、リッスン＆リピート、「ゆっくり音読」などを組み合わせて、隅々までクリアに聞き取れ、会話の情景が浮かぶくらいのレベルまでトレーニングを繰り返してみてください。

パート3 ── 予想問題7

BUILDING DIRECTORY
Fifth Floor — Wright and Smith
Fourth Floor — Reed Associates
Third Floor — Lim Yang Business Advisers
Second Floor — Durant Magazines
First Floor — Lobby

50. What kind of company has moved out of the building?

(A) A publishing company
(B) A software publisher
(C) A legal office
(D) An accounting firm

51. Look at the graphic. At what company do the speakers most likely work?

(A) Wright and Smith
(B) Reed Associates
(C) Lim Yang Business Advisers
(D) Durant Magazines

52. What does the woman suggest?

(A) Advertising a position
(B) Checking a document
(C) Visiting a friend
(D) Planning a party

スクリプト

Questions 50 through 52 refer to the following conversation and building directory.

- Man: Hi, Mary. It's a shame that Wright and Smith has moved out of the building. It was really convenient having an accounting firm on the floor right above us.
- Woman: I know. I was good friends with Julie Wang, their receptionist. I'll miss having lunch with her. She said that they didn't like having their offices on the top floor so they'd been looking for a new office for a while.
- Man: They're over on Dudley Street now. I hear they've settled in nicely.
- Woman: Hey, why don't we take a walk over there at lunchtime and say hello? I want to talk with Julie about a few things while we're there.

50. 正解 (D)

ビルから移転したのは何の会社かが問われています。

男性のセリフ、"It's a shame that Wright and Smith has moved out of the building."「Wright and Smith がビルから転出してしまったのは残念だ」によってまず転出した会社は Wright and Smith であることがわかります。

そして、次のセリフ、"It was really convenient having an accounting firm on the floor right above us."「私たちのちょうど上階に会計事務所があったのは非常に便利だった」によって、Wright and Smith が会計事務所であることがわかるので正解は (D) です。

このように2つ以上の情報を関連付けて正解を導き出す設問はパート3の定番です。復習の際にはきちんと情報を聞き取り、それらを結びつけて正解を選ぶプロセスを確認しておきましょう。

51. 正解 (B)

図表問題です。話者達が勤めている会社は、何の会社かが問われています。

男性のセリフ、"It was really convenient having an accounting firm **on the floor right above us**."「私たちの**ちょうど上階**に会計事務所があったのは非常に便利だった」によって以下の位置関係がわかります。

転出した会計事務所 (Wright and Smith)
話者達の会社

次に女性のセリフ、"She said that they didn't like having their offices on the top floor"「彼女は会社が最上階にあるのが好ましくないと言っていた」から、Wright and Smith は最上階であることがわかります。

最上階	Wright and Smith
最上階の下	話者達の会社

ここで、建物案内 (building directory) を見ると Wright and Smith は5階にあり、その直下階の会社は Reed Associates であることがわかるので正解は (B) です。

5階	Wright and Smith
4階	**Reed Associates**

52. 正解 (C)

女性が提案していることは何かが問われています。

女性は"I was good friends with Julie Wang, their receptionist."「受付の Julie Wang とは仲の良い友人だった」と述べています。their とは、文脈から転出した会社 Wright and Smith であることがわかります。

そして、"why don't we take a walk over there at lunchtime and say hello?"「お昼休みにそこまで歩いてあいさつに行かない?」と提案しています。「そこ」とは前後の文脈から Wright and Smith の移転先であることがわかるので、この提案を"Visiting a friend"「友達を訪問する」と言い換えた (C) が正解です。

提案の定番表現"why don't we" を上手く聞き取ることができたでしょうか。

語注

- **It's a shame that** ～は残念です
- **receptionist** 名 受付係
- **for a while** しばらくの間
- **settle in** 引っ越して落ち着く

和訳

問題50～52は次の会話と建物案内に関するものです。

男性：やあ、Mary。Wright and Smith がこのビルから引っ越したなんて残念だよ。すぐ上の階に会計事務所があるのは本当に便利だったのに。

女性：そうね。受付の Julie Wang とは仲が良かったから、一緒にランチできないのがさみしいわ。最上階に事務所があるのがいやで、しばらく新しいところを探していたらしいわよ。

男性：今は Dudley Street にいるよ。だいぶ落ち着いたって聞いてる。

女性：ねえ、お昼休みにそこまで歩いてあいさつに行かない？ 行っていろいろと Julie と話したいわ。

建物案内
5 階 — Wright and Smith
4 階 — Reed Associates
3 階 — Lim Yang Business Advisers
2 階 — Durant Magazines
1 階 — Lobby

---

50. ビルから引っ越したのは何の会社ですか。

   (A) 出版社
   (B) ソフトウェア発行会社
   (C) 法律事務所
   (D) 会計事務所

51. 図を見てください。話し手たちは、おそらくどの会社で働いていますか。

   (A) Wright and Smith
   (B) Reed Associates
   (C) Lim Yang Business Advisers
   (D) Durant Magazines

52. 女性は何をしようと提案していますか。

(A) 求人を出す
(B) 書類を確認する
(C) 友人を訪れる
(D) パーティーを企画する

先読みのポイント

50. What kind of company has moved out of the building?

51. Look at the graphic. At what company do the speakers most likely work?

(A) Wright and Smith
(B) Reed Associates
(C) Lim Yang Business Advisers
(D) Durant Magazines

52. What does the woman suggest?

これらの設問から以下のことが予測できます。

① 企業の移転に関して話される
② 建物案内の階数が正解のヒントになる
③ 女性が何かを提案する

建物案内は以下のように見立てれば、表と同じ構造になっていることがわかります。

Fifth Floor	Wright and Smith
Fourth Floor	Reed Associates
Third Floor	Lim Yang Business Advisers
Second Floor	Durant Magazines
First Floor	Lobby

そして選択肢には右の列の会社名が並んでいるので、会話の中で階数が読まれ、それが正解のキーワードになって会社名を特定するのが定番です。

本問は、「ちょうど上階」(on the floor right above us) というフレーズが正解のヒントになっているので具体的な階数があらわれませんでした。それでも位置関係が決め手になっているので先読みと予測は有効です。

✖ トレーニングのポイント

ポイント1

> It was really convenient **having an accounting firm** on the floor right above us.

having 以下が動名詞句になっており、形式主語 It の内容をあらわしています。つまり、「会計事務所が我々の上階にあること」は非常に便利だった、という意味になります。

こうした難しい構文もリスニングセクションに登場するようになってきたので、トレーニングで耳に慣らせておいて本番で出会ったらスッキリと聞き取れるようにしておきましょう。

ポイント2

> She said that they didn't like having their offices on the top floor so **they'd** been looking for a new office for a while.

　この they'd は they had の短縮形です。they have been looking が時制の一致のルールで they had been looking になり省略形になったものです。
　音声を注意深く聞いて、d の音がごく弱く発音され been と一緒になった they'd been のカタマリの音を確認しておいてください。

パート3──予想問題8

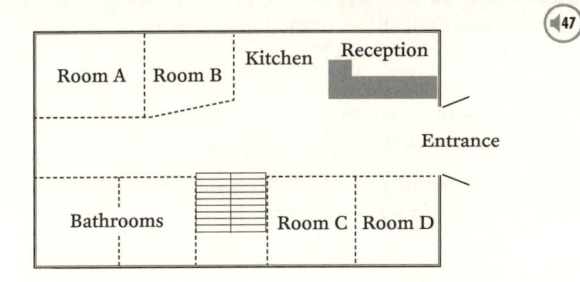

```
┌─────────────────────────────────────────┐
│                    Kitchen  Reception   │
│  Room A │ Room B                        │
│─ ─ ─ ─ ─ ─ ─ ─ ─ ─ ─ ─ ─ ─ ─ ─ ─ ─      │
│                              Entrance   │
│─ ─ ─ ─ ─ ─ ─ ─ ─ ─ ─ ─ ─ ─ ─ ─ ─        │
│                                         │
│  Bathrooms         Room C │ Room D      │
└─────────────────────────────────────────┘
```

53. According to the woman, when will the company move to a new office?

(A) On Monday
(B) On Tuesday
(C) On Wednesday
(D) On Thursday

54. Look at the graphic. Which room does the man say he would like to use?

(A) Room A
(B) Room B
(C) Room C
(D) Room D

55. What does the man ask the woman to do?

(A) Choose a floorplan
(B) Make an appointment
(C) Help lifting some furniture
(D) Arrange moving boxes

195

スクリプト

Questions 53 through 55 refer to the following conversation and floor plan.

Woman: Here's the layout for our new office. We're moving there on Monday so we should decide who'll be working in each room.

Man: Well, Room A has to be the conference room. I'd like this room here. It's a little small, but it's right by the kitchen and near the bathrooms.

Woman: Fine. The sales staff will share a room so I'll ask around and see which one they prefer.

Man: Could you order some boxes so that they can start packing up their things? I'll have some movers come over the weekend to transport all the furniture to the new address.

53. 正解 (A)

会社がいつ引っ越しをするかが問われています。

女性のセリフ、"We're moving there on Monday"「我々は月曜日にそこへ引っ越す予定です」が直接的なヒントになっており、(A) が正解です。

選択肢に曜日が並んでいる問題は要注意です。親切に2度出てくる場合もありますが、本問のように一度だけしか出てこない場合が多く、聞き漏らすと正解が選べません。

また、会話の最初に読まれる場合には聞き取れても、その後の会話を聞いている間に忘れてしまうおそれもあります。聞いた直後にマークをする余裕のある人以外は、右記のような対策を決めて練習しておいた方がよいでしょう。

> ① 解答欄のAのところにチョンとマークだけつける
> ② 問題用紙のAに指先、またはペン先をおいておく
> ③ 視線をAにおいておく

なお、問題用紙に印をつけるのは、ルール違反なのでご注意ください。

54. 正解 (B)

図表問題です。男性はどの部屋を使いたいと言っているかが問われています。

男性のセリフ、"I'd like this room here."「私は使いたい部屋はここです」によって、男性が配置図を指して希望を述べようしている場面であることがわかります。

そして具体的な内容として述べられている、"It's a little small, but it's right by the kitchen and near the bathrooms."「ちょっと狭いですが、給湯室とトイレが近いです」に合致するのは (B) Room B です。

正解の決め手となった「狭い」、「近い」はいずれも視覚的な特徴なので、音声を聞きながら、図を見て条件にあてはまるものを選ぶしかありません。

55. 正解 (D)

男性が女性に依頼していることが問われています。

男性のセリフ、"Could you order some boxes so that they can start packing up their things?"「持ち物を荷造りし始めることができるように箱を注文していただけますか」が直接的な正解のヒントになっており、これを "Arrange moving boxes"「引っ越し用の箱を手配する」と言い換えた (D) が正解です。

語注

- **layout** 名 配置図
- **conference room** 会議室
- **be right by** ～のすぐそばにある
- **pack up** 荷造りする
- **transport** 動 ～を輸送する

和訳

問題53〜55は次の会話と間取り図に関するものです。

女性：これが新しい事務所の配置図です。月曜日にここへ移るので、それぞれの部屋で誰が働くかを決めた方がいいですね。

男性：うーん、A室は会議室ですよね。僕はこっちの部屋がいいです。少し小さいけれど、給湯室のすぐそばで、トイレにも近いし。

女性：わかりました。販売スタッフは部屋を共有するので、どこがいいのか私が聞いてまわります。

男性：荷物を詰め始められるように、箱をいくつか注文していただけますか。僕は引っ越し会社に、週末に来てすべての家具を新しい住所へ運んでもらうよう手配します。

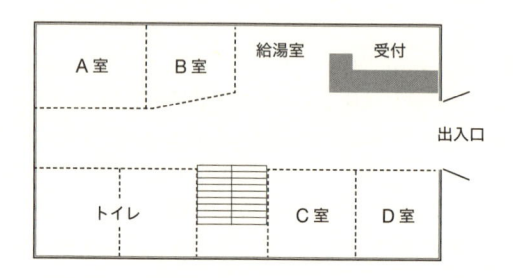

A室	B室	給湯室	受付

出入口

トイレ		C室	D室

53. 女性によれば、会社はいつ新しい事務所へ引っ越しますか。

 (A) 月曜日
 (B) 火曜日
 (C) 水曜日
 (D) 木曜日

54. 図を見てください。男性はどの部屋を使いたいと言っていますか。

 (A) A室
 (B) B室
 (C) C室
 (D) D室

55. 男性は女性に何をするよう頼んでいますか。

 (A) 間取りを選ぶ
 (B) 予約を入れる
 (C) 家具を持ち上げるのを手伝う
 (D) 引っ越し用の箱を手配する

先読みのポイント

53. According to the woman, when will the company move to a new office?

54. Look at the graphic. Which room does the man say he would like to use?

 (A) Room A
 (B) Room B
 (C) Room C
 (D) Room D

55. What does the man ask the woman to do?

これらの設問から以下のことが予測できます。

> ① 女性が会社の引っ越しする日を言う
> ② 男性が部屋の特徴について述べる
> ③ 男性が後半に女性に何かを依頼する

設問54の選択肢には部屋の名称が並んでいるので、そのいずれかの部屋の特徴が男性によって述べられることが予測できます。これまでの出題傾向からすると以下のような点に着目しておくとよいでしょう。

> ▶ 大きい (large)、小さい (small)
> ▶ 右 (right)、左 (left)
> ▶ 隣の (next to)
> ▶ 近くに (near)
> ▶ 正面に (in front of)

❌ トレーニングのポイント

ポイント1

> **Here's** the layout for our new office.

この英文を聞いた時に、瞬間的に話者の女性が配置図を手に持っている場面であることがイメージできたでしょうか。Here is は誰でも知っている基本フレーズですが、聞いた瞬間にスッキリとわかるというレベルと、何となく意味を知っているというレベルでは、この後の聞き取りに大きな差がでてきます。

パート3のリスニングは、最初は真っ白な画面の中に、聞き取った情報をもとに登場人物、場面、状況を作り上げていく作業です。場面が具体的にイメージできてくればくるほど、聞き取りも楽になり、内容を覚えやすくなってきます。

Here'sのところにキモチを乗せ、場面をイメージして音読しておきましょう。

ポイント2

> Could you order some boxes **so that** they **can** start packing up their things?

so that ～ can ...は、「～が…できるように」という意味で、目的を述べる時に使うフレーズです。ここでは、箱を注文して欲しいという依頼事項がまず述べられ、その後に荷物を詰め始められるようにという目的が付け足されていることに注目してください。

日本語の場合は、「荷物を詰め始められるように、箱をいくつか注文していただけますか」と、目的が先に述べられ、後から依頼事項が述べられます。

英語：	依頼事項　＋	目的
日本語：	目的　＋	依頼事項

so that を含む構文をスッキリと聞き取れるようになるには、この英語特有の順番に自分の頭を慣らせる必要があります。ここでも「ゆっくり音読」です。

まず、言いたいことを言い切って、

> Could you order some boxes

「その目的はですね」というキモチを so that に乗せて、

> **so that** they **can** start packing up their things?

を後から付け足すように続けます。

著者コラム2「図表問題の形式」

今後出題される可能性のある、注意を要する図表の形式と、出題のポイントをまとめておきますので、参考にしてください。

① 情報が変更される表

Time	Destination	Platform
08:00	Fukuoka	19
08:30	Osaka	20
09:00	Nagoya	21
09:30	Hiroshima	22

Which platform do the passengers use to go to Fukuoka?

(A) 19
(B) 20
(C) 21
(D) 22

正解 (B) 20

正解のヒント

駅のアナウンスでFukuoka行きの列車が運休になったため、Fukuokaに行きたい乗客は8:30発Osaka行きの列車に乗って乗り換えるようにと、述べられているから。

解説

図表問題は、音声が聞こえないと正解が選べないつくりになっているので、8：00発Fukuoka行きの列車は正解にはならないため、実質的には3択問題です。

② 情報が多い表

Hotel	Internet connection	Shuttle bus Service	Complimentary Breakfast
Okuma	✔		
Kapa		✔	
Princess	✔		✔
Milton	✔	✔	

Which hotel does the speaker recommend?

 (A) Okuma
 (B) Kapa
 (C) Princess
 (D) Milton

正解 (C) Princess

正解のヒント

話者は聞き手に対して、朝食が無料(Complimentary Breakfast)のホテルに泊まったらどうか、と提案をしているから。

解説

正解のヒントが述べられる可能性がある列が3つ (Internet Connection、Shuttle Bus Service、Complimentary Breakfast)あるため、列が1つの表に比べると難しい問題になります。

③ クーポン

> **OFFICE DEPO**
> Discount Coupon
> **$5 OFF**
> *your next supply purchase of $25*
> **Expires September 30**

When does the conversation take place?
(A) August
(B) September
(C) October
(D) November

正解 (C) October

正解のヒント

話者はこのクーポンを相手に見せながら、有効期限が先月で切れていると言っている。クーポンには有効期限が9月30日と書かれているので、その翌月は October である。

解説

クーポンに印刷されている情報は以下の3つですが、選択肢に月が並んでいるので正解のヒントに絡むのは有効期限であると予測がつきます。

$5：割引される額
$25：割引される条件
September 30：有効期限

④ 折れ線グラフ

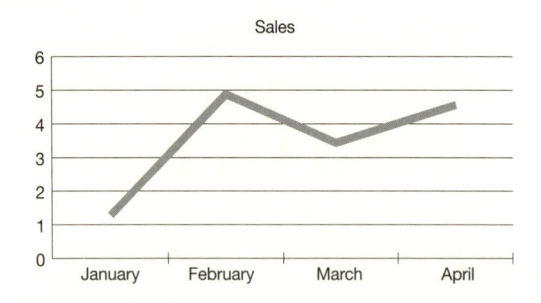

Sales

(折れ線グラフ: January 約1.3、February 約5.0、March 約3.5、April 約4.5)

When was the sales event held?

(A) January
(B) February
(C) March
(D) April

正解 (B) February

正解のヒント

販売促進キャンペーンをやったところ、他の月に比べて売り上げが一番伸びたと述べているから。

解説

折れ線グラフの特徴が正解のヒントになると予測ができるので、急激に伸びている2月、または唯一下がっている3月が正解になりそうだと予測ができます。

⑤ 天気予報

Weather Forecast

SAT	SUN	MON	TUE
July 7	July 8	July 9	July 10
☂	☁	☀	☀

When will the event most likely be held?

(A) Saturday
(B) Sunday
(C) Monday
(D) Tuesday

正解 (C) Monday

正解のヒント

土曜日に開催予定だったスポーツ大会を雨のため順延することになり、天気予報を見て翌週の晴れの日に開催することに。ただし、7月10日は別のイベントのために会場を使用できないことが判明した。

解説

問題の形式としては、普通の表を使った問題と同じです。選択肢を見ると曜日が並んでいるので、話者が述べる、日付、または天気が正解のヒントになると予測ができます。さらに深読みをすれば、天気のマークをわざわざ入れてあるのでこれが正解に絡むのは確実ですし、イベントが行われるのは晴れの日だろうと予測ができます。

私の満点リスニング活用法6
宮嵜 国夫さん（会社員） 490 ➡ 800

　私が働いている職場では、全社員に600点、管理職に730点のTOEICスコア取得を強く推奨していた関係もあり、数年ぶりにTOEIC TESTを受験しました。採点結果の490点というスコアに愕然とすると共に、一念発起するきっかけともなり、本格的に英語勉強を開始しました。

　公式問題集を中心に勉強をしている中で、伸び悩んでいたリスニングをレベルアップする勉強法を探していた時に『サラリーマン特急　満点リスニング』をすすめられました。著者がサラリーマンという同じ環境に興味と共感を持ったのですが、リスニング理論や実践方法、具体的なトレーニング方法がとても判りやすくイメージしやすい内容だったため、リスニングの勉強は著書一本に切替えて毎朝の30分をリスニング時間と決めて繰り返し勉強を続けました。

　特に私はオーバーラッピングと音読を中心に様々な視点で試しながら勉強しました。最初は同じ問題を題材にして1日1問30分のオーバーラッピングと音読を1週間続ける事を1セットとして勉強を行い、14週間で計14問のオーバーラッピングと音読をローテーションしました。次は1日2問30分のオーバーラッピングと音読1週間と、1日の量を増やしていきました。最終的には1日30分で14問通しのオーバーラッピングを毎日の日課とするまでになり、念願の800点をクリアする頃には1.3倍速オーバーラッピングを毎日欠かさず行っておりました。

　振り返ると良質且つTOEICに的を絞った繰り返し学習が結果にも繋がりましたし、リスニングのスキルアップには欠かせない事も痛感しました。今は『サラリーマン特急　満点リスニング』で身に付けた力を実践で活用できる事を目標に、英語の短期留学にもチャレンジし、会社のGlobal Meetingにも参加して英語力を磨いております。

第7章

パート4の
予想問題と解説

必ず出題される
話の展開を
頭にたたき込もう!

問題番号	日付	正答数
1周目	／	／24
2周目	／	／24
3周目	／	／24
4周目	／	／24
5周目	／	／24
6周目	／	／24
7周目	／	／24

パート4 —— 予想問題1

71. What is the talk mainly about?

(A) A new location
(B) An upcoming event
(C) New staff members
(D) Holiday scheduling

72. What type of business does the speaker work for?

(A) A caterer
(B) A hotel
(C) A shipping company
(D) A movie theater

73. How can listeners get more information?

(A) By attending a presentation
(B) By scheduling an appointment
(C) By calling an organizer
(D) By visiting a Web site

解答・解説

スクリプト　　　🔊 48

Questions 71 through 73 refer to the following announcement.

The neighboring towns of Grant and Holyfield have experienced a sudden population growth and we've decided to seize this opportunity to expand. We've purchased 20 new delivery vehicles and we're having an abandoned factory in Holyfield converted. It'll be our new distribution center. At this point, I'd like to offer current staff the choice of staying on here at Stanton, or—or moving to one of the new locations. If you're interested, you should ask … ah … set up a meeting with James Clover in human resources to discuss the conditions.

71.　正解 (A)

何についてのトークなのかが問われています。

"we've decided to seize this opportunity to expand"「わが社はこの拡大の機会を利用してまいります」によって、事業の拡大について述べられていることがわかります。

その具体的な施策として、"we're having an abandoned factory in Holyfield converted"「Holyfieldにあった閉鎖工場を改修しています」と述べられているので、これを "A new location"「新しい場所」と言い換えた (A) が正解です。

トークの内容が問われる設問は、ヒントが複数読まれることが多く、後半まで聞く事によって状況がイメージしやすくなるので、最後に (3問目として) 解くのも有効です。

212　第7章　パート4の予想問題と解説

72. 正解 (C)

話者の仕事の業種が問われています。

"We've purchased 20 new delivery vehicles"「新しい配達車両を20台購入しました」、"It'll be our new distribution center"「ここを我々の新たな流通センターにする予定です」などから、"A shipping company"「配送業者」であることがわかります。

73. 正解 (B)

聞き手が追加の情報を得るための方法が問われています。

"If you're interested, you should ask … ah … set up a meeting with James Clover in human resources to discuss the conditions"「興味があるようでしたら、人事部のJames Cloverに聞いて、えー、打ち合わせの場を設け、条件について話し合ってください」が正解のヒントになっており、これを「約束を取り付ける」と言い換えた (B) が正解です。

> パート4には「定番ストーリー」があり、本問もその1つです。TOEICに登場する企業はおおむね業績が好調で、新しく支店を開設したり、生産拠点を増やしたりする成長戦略を表明します。当然、増員が必要になりますが、その人材については社内で募集をかけ、希望者は上長に申し出るようにとの通達がでます。
>
> このような「定番ストーリー」を知っていると、本番で同じ話が出たときに話の展開が読みやすくなり、聞き取りやすくなります。本書では意識的にそうした話をもとにした問題を作ってあり、他の特急シリーズも同じコンセプトで作問されているので是非ご活用ください。

解答・解説

語注

- **neighboring** 形 近隣の
- **seize** 動 ～をつかむ
- **expand** 動 拡大する
- **abandoned** 形 放棄された
- **distribution** 名 流通
- **condition** 名 条件
- **upcoming** 形 今度の、近づきつつある

和訳

問題71～73は次のアナウンスに関するものです。

近郊都市のGrantやHolyfieldでは人口が急増しており、わが社はこの拡大の機会を利用してまいります。新しい配達車両を20台購入し、Holyfieldにあった閉鎖工場を改修しています。ここを我々の新たな流通センターにする予定です。現段階で、既存のスタッフには、ここStantonに残るのか、新しい場所に移るのか、選択していただきたく思っています。興味があるようでしたら、人事部のJames Cloverに聞いて、えー、打ち合わせの場を設け、条件について話し合ってください。

71. トークは主に何についてですか。
    - (A) 新しい場所
    - (B) 近々行われるイベント
    - (C) 新しいスタッフ
    - (D) 休暇スケジュール

72. 話し手はどのような業種で働いていますか。
    - (A) ケータリング
    - (B) ホテル
    - (C) 配送業者
    - (D) 映画館

73. 聞き手はどのようにして詳しい情報を得ますか。
(A) プレゼンに参加する
(B) 約束を取り付ける
(C) 主催者に電話する
(D) ウェブサイトを見る

先読みのポイント

71. What is the talk mainly about?

72. What type of business does the speaker work for?

73. How can listeners get more information?

これらの設問から以下のことが予測できます。

> ① 話者が複数の聞き手に対して、何かを話している場面
> ② 聞き手が情報を得る方法を後半に述べる

トレーニングのポイント

ポイント1

> we're having an abandoned factory in Holyfield converted.
> O 過去分詞

have + O + 過去分詞で、「O が〜される状態にする」という意味の使役構文です。in Holyfield は factory を修飾しており、O と過去分詞が少し離れているので、やや聞き取りにくいかも知れません。

Oの部分が名詞のカタマリになっていることを意識して復習トレーニングをしてください。

ポイント2

> I'd like to **offer** current staff
> $\quad\quad\quad\quad\quad\quad\;\;$ O₁
> the choice of staying on here at Stanton, ...
> $\quad\quad\quad\quad\quad$ O₂

offerは目的語を2つとることができる動詞で、offer O₁ O₂で「O₁にO₂を提案する」という意味になります。この用法を知らないと文構造がわからなくなり、意味が取れなくなってしまいます。「ゆっくり音読」をして、この用法を頭に染み込ませておきましょう。

パート4 —— 予想問題2

74. Who most likely are the tour participants?

(A) Temporary employees
(B) Local farmers
(C) Grocery store managers
(D) Restaurant owners

75. Where will the tour begin?

(A) In the administration office
(B) In the board room
(C) In the kitchen
(D) In the warehouse

76. What will participants receive at the end of the tour?

(A) An order form
(B) An item of clothing
(C) Food samples
(D) Discount vouchers

解答・解説

スクリプト 🔊49

Questions 74 through 76 refer to the following excerpt from a tour.

Thank you for joining the tour of our food processing facility. I'm Lisa Brown—your guide today. Pro-Kitchen has been providing ingredients to Baltimore restaurants for seven years now. We're currently the main suppliers of vegetables to more than 20 percent of the eateries in Baltimore. We're starting the tour here in the storage facility because I'd like to show you the fresh vegetables being delivered and taken directly to our processing area. We start preparing the vegetables minutes after they arrive to ensure that they're fresh when they reach your restaurants. At the end of the tour, I'd like to offer each of you one of our uniform caps as a souvenir of your visit.

74. 正解 (D)

ツアーの参加者が誰なのかについて問われています。

"when they reach **your restaurants**"「皆さまのレストランに (野菜が) 届く際」によって (D) が正解であることがわかります。

トークの前半にはこの工場がレストランへ食材を提供しているというセリフがあります。

> Pro-Kitchen has been providing ingredients to **Baltimore restaurants** for seven years now. We're currently the main suppliers of vegetables to more than 20 percent of **the eateries** in Baltimore.

これらの情報により、レストランのオーナーを工場に招待している場面であると推測できますが、決定的なヒント（your restaurants）は最後の方にあらわれているので、難問中の難問です。

75. 正解 (D)

ツアーが始まる場所が問われています。

"We're starting the tour here in the storage facility"「見学ツアーは、まずこちらの保管倉庫から始めます」と述べられており、これを "In the warehouse"「倉庫」と言い換えた (D) が正解です。

🍃 言い換え表現

the storage facility　☞　the warehouse
（保管倉庫）　　　　　　　（倉庫）

76. 正解 (B)

ツアーの参加者が最後に受け取るモノは何かが問われています。

"At the end of the tour, I'd like to offer each of you one of our **uniform caps** as a souvenir of your visit"「ツアーの最後では、ご来場いただいた記念として、皆様ひとりひとりに制服の帽子を差し上げたいと思います」が正解のヒントになっており、これを "An item of clothing"「衣料品」と言い換えた (B) が正解です。

🍃 言い換え表現

one of our uniform caps　☞　An item of clothing
（我々の制服の帽子）　　　　　（衣料品）

解答・解説

> ガイドがツアー客に対して行程の説明をするのも、パート4の「定番ストーリー」です。案内する先は本問の工場の他には、美術館、歴史的な建造物などが定番です。話の展開はおおよそ以下の通りです。
>
> ▶ ガイドの自己紹介
> ▶ 行程、見どころなどを説明
> ▶ 最後の場所、イベントを説明
>
> 最後に立ち寄る場所の定番は「土産物屋」(souvenir shop) です。

語注

- **process** 動 〜を処理する、加工する
- **ingredient** 名 材料
- **currently** 副 現在
- **eatery** 名 レストラン
- **participant** 名 参加者
- **temporary** 形 一時的な、臨時の
- **administration** 名 管理
- **voucher** 名 引換券

和訳

問題74〜76は次のツアーの一部に関するものです。

食品加工工場見学ツアーにご参加いただきありがとうございます。私は本日案内役を務めます、Lisa Brownと申します。Pro-Kitchenは7年にわたって、Baltimoreのレストランへ食材を提供しています。我々は現在、Baltimoreで20パーセントを超えるレストランへの、主要野菜供給業者となっています。見学ツアーは、まずこちらの保管倉庫から始め、皆様に、新鮮な野菜が直接加工処理エリアま

220 第7章 パート4の予想問題と解説

で運ばれるところをお見せしたいと思います。こちらでは、皆様のレストランへ確実に新鮮さを保った状態でお届けできるよう、野菜が到着し次第すぐに処理を始めています。ツアーの最後では、ご来場いただいた記念として、皆様ひとりひとりに制服の帽子を差し上げたいと思います。

74. ツアーの参加者はおそらく誰ですか。

(A) 臨時従業員
(B) 地元の農家
(C) 食料雑貨店のマネージャー
(D) レストランのオーナー

75. ツアーはどこで始まりますか。

(A) 管理事務所
(B) 役員室
(C) 厨房
(D) 倉庫

76. ツアーの最後に参加者は何を受け取りますか。

(A) 注文書
(B) 衣料品
(C) 試食品
(D) 割引券

先読みのポイント

74. Who most likely are the tour participants?
75. Where will the tour begin?
76. What will participants receive at the end of the tour?

これらの設問から以下のことが予測できます。

解答・解説

① 話者はガイドで、行程の案内をする
② トーク後半で設問76の正解のヒントが述べられる

トレーニングのポイント

ポイント

> I'd like to **show** you / the fresh vegetables
>   O₁   O₂
> **being delivered** / and **taken** directly to our
> processing area.

show は目的語を2つとることができる動詞で、show O₁ O₂ で「O₁ に O₂ を見せる」という意味になります。

そして、being delivered、taken 以下は vegetables を説明するために付け足された修飾部です。

> vegetables (which are) being delivered
> and (vegetables) (which are) taken directly to
> our processing area.

パート4 ── 予想問題3

77. What kind of business is Mr. Maxwell calling?

(A) An art gallery
(B) An advertising agency
(C) An electronics manufacturer
(D) A car rental company

78. What does the speaker mean when he says, "that's it"?

(A) He has found what he was looking for.
(B) He is very tired.
(C) He thinks the listener is correct.
(D) He has finished preparations.

79. What does Mr. Maxwell say he will do next week?

(A) Visit a client
(B) Revise a cost
(C) Finalize a schedule
(D) Purchase some equipment

スクリプト

Questions 77 through 79 refer to the following telephone message.

Hi, it's Ken Maxwell from Maxwell Projection Mapping. I'm just calling to let you know that I've completed the designs for the projection mapping event to be held at the Sydney Art Gallery. I've signed the contracts you sent, and we mailed them this afternoon. So—//that's it.// I think everything is ready for us to start. I'd like to test the equipment and the designs at your gallery one day next week, but I'm very flexible with the time and date—so, if you would contact me with a time that is suitable for you, I'll come there with my team and make sure everything works.

77. 正解 (A)

Maxwell が電話をしている相手の業種が何かが問われています。

冒頭の "Hi, it's **Ken Maxwell** from Maxwell Projection Mapping."「もしもし、Maxwell Projection Mapping の Ken Maxwell です」によって、話者が Maxwell であることがわかります。

次に、"I'm just calling to let you know that I've completed the designs for the projection mapping event to be held **at the Sydney Art Gallery**."「Sydney Art Gallery で行われるプロジェクションマッピングのためのデザインが完成したのでお知らせしようと思い電話しています」と述べているので、アートギャラリー、またはその関係者であることがわかります。

そして、"I'd like to test the equipment and the designs **at your gallery** one day next week"「来週のどこか、あなたのギャラリーで、機材とデザインの確認をしたい」が正解の決め手になっています。

電話のかけ先が誰なのかは定番の設問ですが、「話者が誰なのかと」と設問の意味を勘違いしてしまうミスをしがちです。話者が誰なのかという設問も出題されるので、間違えないように気をつけましょう。

78. 正解 (D)

意図を問う設問です。"that's it"は「以上です」「それですべてです」という意味のフレーズです。

直前のセリフで、"I've signed the contracts you sent, and we mailed them this afternoon."「お送りいただいた契約書に署名して今日の午後郵送しました」と自分が行った事を述べているので、つなげてみると、「私がすることは以上ですべてやった」という話者の意図が浮かびあがってきます。

そして、"I think everything is ready for us to start."「開始の準備はすべて整ったと思います」と自分の意図を補足しているので、(D) が正解であることがわかります。

意図を問う設問は、参照するフレーズの意味を知らなくても、前後の文脈が理解できていれば正解することができます。文脈を追うヒントは、本問のようにフレーズの直後にも述べられることがあるので注意して聞き取りましょう。

79. 正解 (A)

Maxwell が来週、何をするかが問われています。キーワードは next week で待ち受け、"I'd like to test the equipment and the designs at your gallery one day **next week**"「来週のどこか、あなたのギャラリーで、機材とデザインの確認をしたい」が最初のヒントになります。さらに、"**I'll come there** with my team"「こちらのスタッフを連れて行き」と述べているので、これを "Visit a client"「顧客を訪問する」と言い換えた (A) が正解です。

語注

- **complete** 動 〜を完了する
- **contract** 名 契約
- **equipment** 名 設備、装置
- **suitable** 形 適切な
- **revise** 動 〜を修正する、見直す
- **finalize** 動 〜を仕上げる、まとめる

和訳

問題77〜79は次の電話メッセージに関するものです。

もしもし、Maxwell Projection Mapping の Ken Maxwell です。Sydney Art Gallery で行われるプロジェクションマッピングのためのデザインが完成したのでお知らせしようと思い電話しています。お送りいただいた契約書に署名して今日の午後郵送しました。なので、えー、以上ですね。開始の準備はすべて整ったと思います。来週のどこか、あなたのギャラリーで、機材とデザインの確認をしたいのですが、私の方は日程・時間とも融通がききます、なので、ご都合の良い時間をお知らせいただければ、こちらのスタッフを連れて行き、うまくいくか確かめます。

77. Maxwell さんはどのような業種に電話をしていますか。

(A) アートギャラリー
(B) 広告代理店
(C) 電子機器メーカー
(D) レンタカー会社

78. 話し手が "that's it" と言う際、何を意図していますか。

(A) 探しているものが見つかった。
(B) とても疲れている。
(C) 聞き手が正しいと思っている。
(D) 準備が整った。

79. Maxwell さんは来週何をすると言っていますか。

(A) 顧客を訪問する
(B) コストを見直す
(C) スケジュールを確定する
(D) 機材を購入する

先読みのポイント

77. What kind of business is Mr. Maxwell calling?

78. What does the speaker mean when he says, "that's it"?

79. What does Mr. Maxwell say he will do next week?

これらの設問から以下のことが予測できます。

> ① トークは留守電のメッセージである
> ② 話者は Maxwell である
> ③ トーク後半で、来週することが述べられる

解答・解説

callは「電話をかける」という意味の動詞で、パート4においては電話で2人が会話することはないので、留守電に録音されたメッセージであることがわかります。

トレーニングのポイント

ポイント1

> **I'm just calling to let you know that** I've completed the designs for the projection mapping event to be held at the Sydney Art Gallery.

留守電メッセージに登場する定番フレーズを復習しておきましょう。I'm just calling to let you know that は「～のことをお知らせするために電話をかけています」という意味ですが、この英文をスッキリと聞き取るためには、この部分は意味を意識的に考えなくてもよいレベルまで耳に慣らせておくのがポイントです。この定番フレーズの部分で意味を理解しようとまごまごしているようでは、that 以降に述べられる話者が伝えたいと思っていることを聞き逃してしまうからです。

繰り返し音声を聞いて音を十分確認したら、話者になりきってこのフレーズを口に出してみます。ポイントはこのフレーズを一息に言い切ってしまうことです。

> **I'm just calling to let you know that**

このフレーズを長い1つの単語であるとして、自分の頭の中に染み込ませてしまいましょう。

ポイント2

> **but** I'm very flexible with the time and date—
> **so,**

　but は逆接の接続詞で前と反対のことを述べたり、対比する内容を述べるときに使われます。ただし、ここでは、話者は機材やデザインの確認をしたいということと反対のことを述べようとしているのではなく、「来週に」(next week)という時期の条件に対して、日時については融通が効くと譲歩をするキモチをあらわしています。

　そして、so の後に、「都合の良い日時に訪問する」という話者が伝えたいことが続きそれが正解のヒントになっています。

　この but、so に込められた話者のキモチを意識して復習トレーニングをしておけば、文脈を理解する力がついてきます。

ポイント3

> I'll **come** there with my team

　相手のところに「行く」ということは、相手の視点からすれば「近づいて来る」ことです。

　ここでは、相手のギャラリーで確認や打合せをするという話題が出ているので、話者の意識は相手の側にあり、しかも相手はお客さんなので親しみを込めて come が使われています。

この come の使い方を知識としてではなく、体感として身に付けられるよう復習トレーンニングをしておきましょう。

パート4 ── 予想問題4

80. Why was the library closed to the public?

(A) For repairs
(B) For a relocation
(C) For a national holiday
(D) For cleaning

81. What does the speaker mean when he says, "You can get in on it"?

(A) Listeners can already enter the library.
(B) Listeners can use a transportation service.
(C) Listeners are welcome to join a competition.
(D) Listeners will certainly enjoy a celebration.

82. According to the speaker, how can listeners get more information?

(A) By listening to the radio
(B) By accessing a Web site
(C) By reading a brochure
(D) By calling the library

解答・解説

スクリプト

Questions 80 through 82 refer to the following broadcast.

The Waterfield Library is one of the city's most treasured buildings and its renovations are almost complete. On May 7, the mayor of Waterfield will attend a special reopening event at the library. To celebrate, a number of attractions have been planned, one of which is a photography competition. //You can get in on it.// Residents are encouraged to submit photographs for the competition to the library by April 12. One condition of entry is that the photographs must feature one of Waterfield's public buildings. Check out the library Web site for more details.

80. 正解 (A)

図書館が一般公開されていなかった理由が問われています。

冒頭のセリフ、"The Waterfield Library is one of the city's most treasured buildings and its renovations are almost complete."「市内で最も貴重な建物の一つであるWaterfield図書館はまもなくその改修工事を終えます」がヒントで、これを "For repairs"「修理のため」と言い換えた (A) が正解です。

81. 正解 (C)

"You can get in on it"に込められた意図を問う問題です。

it は既に話題に出たことを示す代名詞で、ここでは直前に述べられた"a photography competition"「写真コンテス

ト」のことなので、聞き手に写真コンテストへの参加を促していることがわかります。

また、その後のセリフ、"Residents are encouraged to submit photographs for the competition to the library by April 12."「住民のみなさんは、コンテスト用の写真を4月12日までにご提出くださるようお願いします」も正解のヒントになっています。

82. 正解 (B)

聞き手はどこで追加の情報が得られるかが問われています。

最後のセリフ、"Check out the library Web site for more details."「詳細は図書館のウェブサイトをご覧ください」が直接的なヒントになっており、(B) が正解です。

語注

- **treasured** 形 貴重な
- **renovation** 名 改装
- **mayor** 名 市長
- **competition** 名 競争、コンテスト
- **encourage** 動 (人に) 奨励する
- **brochure** 名 パンフレット

和訳

問題80〜82は次の放送に関するものです。

市内で最も貴重な建物の一つであるWaterfield図書館はまもなくその改修工事を終えます。5月7日には、図書館で行われる再オープン特別イベントにWaterfield市長が参加する予定です。記念として

多くの企画が予定されており、写真コンテストもその一つです。どうぞふるってご参加ください。住民のみなさんは、コンテスト用の写真を 4 月 12 日までにご提出くださるようお願いします。エントリーには、Waterfield の公共施設がなにか写っていなければいけないという条件があります。詳細は図書館のウェブサイトをご覧ください。

80. 図書館はなぜ一般公開されていなかったのですか。
    (A) 修理のため
    (B) 移転のため
    (C) 祝日のため
    (D) 清掃のため

81. 話し手が "You can get in on it" と言う際、何を意図していますか。
    (A) 聞き手はすでに図書館の中に入ってよい。
    (B) 聞き手は送迎サービスを利用できる。
    (C) 聞き手がコンテストに参加することを歓迎している。
    (D) 聞き手は必ずお祝いを楽しむ。

82. 話し手によれば、聞き手はどのように追加の情報を得られますか。
    (A) ラジオを聴いて
    (B) ウェブサイトにアクセスして
    (C) パンフレットを読んで
    (D) 図書館に電話して

先読みのポイント

80. Why was the library closed to the public?

81. What does the speaker mean when he says, "You can get in on it"?

82. According to the speaker, how can listeners

get more information?

これらの設問から以下のことが予測できます。

> ① 図書館が閉館していた
> ② 後半に追加の情報の入手方法が述べられる

　図書館、美術館、歴史的建造物などがしばしば改装のために長期的に休館になるのは定番ストーリーです。改装オープンに際しては、記念イベントが催され、コンテストの応募や参加特典などがアナウンスされます。本問では放送局のアナウンサーが番組で告知しているという場面設定ですが、リポーターが記念イベントの現場からリポートするという場面が登場するようになったのが最近の傾向です。

トレーニングのポイント

ポイント1

> One condition of entry is that the
> 　　　　S　　　　　　　V
> photographs must feature one of Waterfield's
> 　　　　　　　　　　　　C
> public buildings.

　英文全体の構造は SVC になっていて、C の部分は接続詞 that によってまとめられた名詞のカタマリです。この英文を聞き取るためには、まずこの構造を理解して、that のところまでを音読してみます。that に意味はありませんが、あえて話者のキモチを代弁してみるとこんな感じです。

> 「応募の条件の1つは以下の通りです」

そして、その具体的な内容を述べたのが以下の部分で、構造は SVO になっています。

> the photographs must feature
>   S   V
> one of Waterfield's public buildings
>   O

このように複雑な英文は、細かく分解し構造を理解してから、先頭から意味をつないで理解をする練習をしましょう。

ポイント2

> Check out the library Web site for more details.

詳細情報がウェブサイトにあるのは定番ストーリーなので、パート4で使われる可能性のある他のフレーズを紹介しておきます。

> ▶You can look on our Web site for more details.
>
> ▶More details are available on our Web site.
>
> ▶For more details, please go to our Web site.

パート4 —— 予想問題5

(52)

SCHEDULE	
Tuesday	General affairs
Wednesday	Sales
Thursday	Design
Friday	Manufacturing

83. Look at the graphic. When will the design department receive new computers?

(A) On Tuesday
(B) On Wednesday
(C) On Thursday
(D) On Friday

84. What are listeners asked to do by Friday?

(A) Fill out a request form
(B) Respond to an e-mail
(C) Hand in their old computers
(D) Attend a workshop

85. Who most likely is Jill Langley?

(A) A sales manager
(B) A technician
(C) A board member
(D) A client

解答・解説

スクリプト 🔊52

Questions 83 through 85 refer to the following announcement and schedule.

I've just got a brief announcement to make. I sent you an e-mail last week with the schedule for delivery of your new laptop computers. The sales department has an important event on Wednesday, so we've decided to switch their delivery time with the design department. After you've saved any important data, you should bring your old computer to the general affairs office … um … by Friday. In addition, you'll need to set up a new account and install some special software before you can start using your new computer. Jill Langley from the technical support will be here to show you how to do that, so please talk to her if you have any trouble.

83. 正解 (B)

設計部門がコンピューターを受け取るのがいつかが問われています。

"The sales department has an important event on Wednesday, so we've decided to switch their delivery time with the design department." 「営業部が、水曜日に大事なイベントがあるとのことなので、設計部の配布日と入れ替えることにしました」によって、設計部への配布日は、元々営業部への配布日であったことがわかります。

そこで、スケジュールを見ると営業部への配布日は水曜日と書かれているので正解は (B) です。

84. 正解 (C)

聞き手が金曜日までにするよう依頼されていることは何かが問われています。

"you should bring your old computer to the general affairs office … um … by Friday"「古いコンピューターを総務室に、えー、金曜日までに運んでください」が正解のヒントになっており、これを "Hand in their old computers"「古いコンピューターを提出する」と言い換えた (C) が正解です。

85. 正解 (B)

Jill Langley が誰なのかが問われています。

"Jill Langley from the technical support will be here to show you how to do that"「やり方については技術部のJill Langleyがこちらで説明します」のthatは、前の"set up a new account and install some special software"「新しいアカウントの作成およびいくつか特別なソフトのインストール」を示しています。このことから、Jill Langleyは、技術部に所属し、コンピューターに関する専門的な知識を持っていると判断できるので正解は (B) です。

語注

- **brief** 形 短い
- **general affairs** 総務
- **fill out** 記入する
- **hand in** 提出する

和訳

問題83〜85は次のお知らせとスケジュールに関するものです。

ちょっとお伝えしなければいけないことがあります。先週、新しいノートパソコンの配布スケジュールを添付したメールをお送りしましたが、営業部が、水曜日に大事なイベントがあるとのことなので、設計部の配布日と入れ替えることにしました。重要なデータを保存したら、古いコンピューターを総務室に、えー、金曜日までに運んでください。それと、新しいコンピューターを使い始める前に、新しいアカウントの作成およびいくつか特別なソフトのインストールを行う必要があります。やり方については技術部の Jill Langley がこちらで説明しますので、何か問題があれば彼女に伝えてください。

スケジュール	
火曜日	総務
水曜日	営業
木曜日	設計
金曜日	製造

83. 図を見てください。設計部はいつ新しいコンピューターを受け取りますか。

   (A) 火曜日
   (B) 水曜日
   (C) 木曜日
   (D) 金曜日

84. 聞き手は金曜日までに何をするよう求められていますか。

   (A) 申請書を記入する
   (B) メールに返信する
   (C) 古いコンピューターを提出する
   (D) 研修会に参加する

85. Jill Langley とはおそらく誰ですか。

   (A) 営業部長

(B) 技術者
(C) 取締役
(D) 顧客

先読みのポイント

83. Look at the graphic. When will the design department receive new computers?

(A) On Tuesday
(B) On Wednesday
(C) On Thursday
(D) On Friday

84. What are listeners asked to do by Friday?

85. Who most likely is Jill Langley?

これらの設問から以下のことが予測できます。

> ① 表の部門名の列が正解のヒントになる
> ② (C) On Thursday は誤答である
> ③ トークの中に Jill Langley が登場する

設問83の選択肢には曜日が並んでいるので、正解のヒントになるのは部門名の列であることがわかります。

SCHEDULE	
Tuesday	**General affairs**
Wednesday	**Sales**
Thursday	**Design**
Friday	**Manufacturing**

241

(C) On Thursday が正解にならないのは、音声を聞かなくても正解が選べてしまうからです。トークの中で予定が変更され、Thursday 以外の曜日になると予想ができます。

❌ トレーニングのポイント

ポイント

> we've decided to switch their delivery time **with** the design department.

正解のヒントとなっているこの英文を聞き取るために前置詞 with を意識して復習トレーニングをしましょう。

> switch 〜 with …　：〜を…と交換する

前置詞 with のコアイメージは「〜と一緒に、〜と共に」ですが、ここでは配達時間を変える対象を with によって示しています。
この with と同様の用例を持つ動詞をあげておきますので、合わせて覚えておいてください。

> exchange 〜 with …　：〜を…と交換する
> compare 〜 with …　：〜を…と比較する

パート4 —— 予想問題6

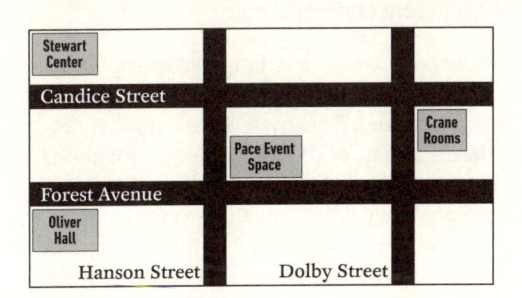

```
┌──────────────┬──────────────┬──────────────┐
│ Stewart      │              │              │
│ Center       │              │              │
├──────────────┴──────────────┼──────────────┤
│ Candice Street              │              │
├──────────────┬──────────────┤ Crane        │
│              │ Pace Event   │ Rooms        │
│              │ Space        │              │
├──────────────┴──────────────┴──────────────┤
│ Forest Avenue                              │
├──────────────┬──────────────┬──────────────┤
│ Oliver       │              │              │
│ Hall         │              │              │
├──────────────┴──────────────┴──────────────┤
│   Hanson Street      Dolby Street          │
└────────────────────────────────────────────┘
```

86. What kind of event is going to be held?

(A) A product launch
(B) A dinner
(C) A sales promotion
(D) An opening ceremony

87. Look at the graphic. Which venue does the woman recommend?

(A) Stewart Center
(B) Oliver Hall
(C) Pace Event Space
(D) Crane Rooms

88. How can the listeners contact the woman?

(A) By text message
(B) By e-mail
(C) By visiting her office
(D) By telephone

スクリプト 🔊53

Questions 86 through 88 refer to the following excerpt from a meeting and map.

Unlike in previous years, this time, we're encouraging staff to bring along a family member to this year's department banquet. This means we'll need a larger venue. Here's a map of the four potential locations. I'd like to get your input before making a final decision. Personally, I think this one on the corner of Candice Street and Dolby Street is the best option. It's close to our office so we won't need to pay for parking and it's the cheapest of the four, too. We don't have any time to discuss this now, so if you have any thoughts, give me a call later this afternoon.

86. 正解 (B)

開催される予定のイベントが何かが問われています。

冒頭のセリフ、"Unlike in previous years, this time, we're encouraging staff to bring along a family member to this year's department banquet." 「例年とは違って、今回、我々はスタッフに、今年の部内夕食会に家族も連れてくるよう奨励します」が正解のヒントになっています。banquet を dinner と言い換えた (B) が正解です。

イベントの種類を問う設問はトーク中に複数ヒントが散らばっていて、それらを関連付けて正解を選ぶタイプと、一度しか述べられず、それを聞き逃すと正解が選べないタイプがあります。本問では冒頭に述べられた banquet を聞き逃すとそれ以降で正解を特定するのが難しく、他の選択肢も正解になりそうな魅力的なものが並んでいます。

テスト中に大切なのは、「聞き洩らすと解けない問題があり、それはいくら考えてもわからない」と割り切って勘を頼りにマークをして後に引きずらないことです。

言い換え表現

banquet ☞ dinner
（宴会）　　　（夕食会）

87. 正解 (D)

女性がすすめている会場の場所が問われています。

正解のヒントは、"Personally, I think this one on the corner of Candice Street and Dolby Street is the best option"「個人的には、Candice通りとDolby通りの角のこの会場が最適だと思います」です。

地図の右上、Candice通りとDolby通りが交わっている場所にCrane Roomsがあります。

88. 正解 (D)

聞き手が女性に連絡を取るための手段が問われています。

最後のセリフ、"give me a call later this afternoon"「午後に電話をしてください」を、"By telephone"と言い換えた(D)が正解です。

give 人 a call は「人に電話をかける」という意味の重要フレーズで、パート2、3、4に登場します。その他にcallを使った表現をまとめておきますので、合わせて覚えておいてください。

have a call	：	電話がかかっている
get a call	：	電話をもらう
receive a call	：	電話をもらう
return a call	：	電話をかけ直す
call 人	：	人に電話をかける

なお、call には「訪問する」という意味もあり、call on ～ で、「～を訪問する」というフレーズも重要です。

語注

- □ **previous** 形 前の
- □ **encourage** 動 (人に) 奨励する
- □ **bring along** 連れてくる
- □ **banquet** 名 夕食会
- □ **venue** 名 会場
- □ **potential** 形 可能性がある
- □ **option** 名 選択肢

和訳

問題86～88は次の会議の一部と地図に関するものです。

例年とは違って、今回、我々はスタッフに、今年の部内夕食会に家族も連れてくるよう奨励します。つまり、もっと大きな会場が必要ということです。これが候補になっている4つの会場の地図です。最終決定をする前に皆さんの意見を聞いておきたいと思います。個人的には、Candice通りとDolby通りの角のこの会場が一番よいと思います。我々のオフィスにも近いので、駐車場代も不要ですし、4つの中では一番安いということもあります。今は話し合う時間がないので、考えがあれば、午後に電話をしてください。

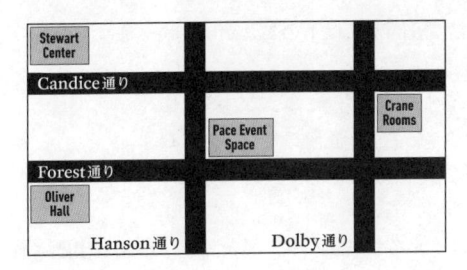

```
┌─────────┬─────────────────┬──────────────┬─────────┐
│Stewart  │                 │              │         │
│Center   │                 │              │         │
├─────────┤Candice通り      │              │         │
│         │                 │              │ Crane   │
│         │                 │              │ Rooms   │
│         │         ┌──────────────┐       │         │
│         │         │Pace Event    │       │         │
│         │         │Space         │       │         │
├─────────┤Forest通り       │              │         │
│ Oliver  │                 │              │         │
│ Hall    │                 │              │         │
├─────────┴─────────────────┼──────────────┴─────────┤
│        Hanson通り         │       Dolby通り        │
└───────────────────────────┴────────────────────────┘
```

86. どのようなイベントが行われますか。

   (A) 商品発売
   (B) 夕食会
   (C) 販促活動
   (D) オープニングセレモニー

87. 図を見てください。女性はどの会場をすすめていますか。

   (A) Stewart Center
   (B) Oliver Hall
   (C) Pace Event Space
   (D) Crane Rooms

88. 聞き手はどのようにして女性に連絡を取れますか。

   (A) 携帯メールで
   (B) E メールで
   (C) オフィスを訪れることで
   (D) 電話で

先読みのポイント

86. What kind of event is going to be held?

87. Look at the graphic. Which venue does the woman recommend?

88. How can the listeners contact the woman?

これらの設問から以下のことが予測できます。

> ① イベントの案内について述べられる
> ② 通りの名前が正解のヒントになる
> ③ 後半で連絡方法が述べられる

　頻度は多くありませんが、図表問題に地図が出題されることがあります。地図といっても等高線が入った本格的なものではなく、案内図のようなものです。

　問われるのは地図上に示されているモノで、正解を特定するヒントはその位置です。本問では地図上に示された4つの会場の1つを、それらが面している通りの名前から特定する必要があります。

　地図の問題で正解を特定するヒントとして出題の可能性があるのは、目標物（交差点など）との位置関係、道順などいくつかのパターンがあります。

　先読みの段階では、地図に描かれている選択肢になっているものは何なのか、それ以外の情報は何があるかをざっと見分けておくと良いでしょう。

❌ トレーニングのポイント

ポイント1

> **Unlike** in previous years, this time, we're encouraging staff to bring along a family member to this year's department banquet.

　unlike は「〜と違って」という意味の前置詞です。ここ

では「例年とは違って」(in previous years) という意味で使われており、その後にこの話者が伝えたい事である、今年のイベントの特徴が述べられています。

unlike を使った構文を聞き取るときのポイントは、unlike + 名詞のカタマリが聞こえた後に述べられる話者が伝えたい事に集中をすることです。

> unlike + 名詞のカタマリ、話者が伝えたいこと

ポイント2

> It's close to our office so we **won't** need to pay for parking and it's the cheapest of the four, too.

won't は will not の短縮形です。復習トレーニングで確認をしておいていただきたいのが発音です。

> won't /wount/

/wont/ であると思い込んでいた方はここで正しい音を覚え直しておいてください。細かい事のようですが、音と単語の結びつけが間違っていると、いつまでたってもスッキリと聞こえるようになりません。

もう1つ確認しておいていただきたいのが、その意味です。未来をあらわす助動詞の will を否定しているので「〜ではない」です。この「ない」は100%起こらないことを意味していて、「起こらないかもしれない」ではありません。

パート4 ── 予想問題7

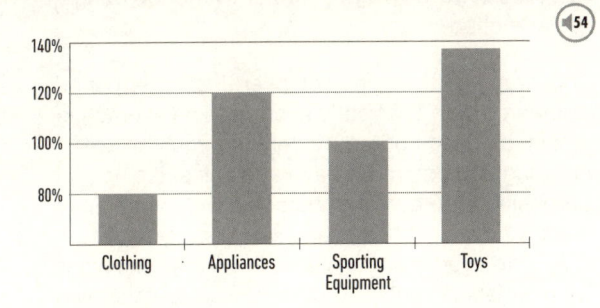

89. Which season's sales are the main topic of the talk?

(A) Spring
(B) Summer
(C) Fall
(D) Winter

90. What does the man say about toy sales?

(A) They set a new record this year.
(B) They have already started to fall.
(C) They are hard to measure accurately.
(D) They are always high in this season.

91. Look at the graphic. Which department's sales will Charlie talk about?

(A) Clothing
(B) Appliances
(C) Sporting Equipment
(D) Toys

スクリプト

Questions 89 through 91 refer to the following talk and chart.

This graph shows our sales over the winter period compared with the yearly average. The average is shown as one hundred percent, so you can see sporting equipment had average sales. It's not surprising that toy sales were relatively high. They always do well in this season. In fact, last year they sold even more. Instead, I'm really impressed by this department. 120 percent is an outstanding result and I'd like to hear from Charlie how his department did it.

89. 正解 (D)

いつの季節の売り上げについて語られているかが問われています。

最初のセリフ、"This graph shows our sales over the winter period compared with the yearly average."「このグラフは、冬期の売り上げを年間平均と比較したものです」が正解のヒントになっています。

P.222 では他動詞 show の SVOO の用法を紹介しましたが、ここでは our sales を目的語にとり SVO のカタチになっています。また、"This graph shows" はパート3、4の図表問題で話者がグラフの内容などを紹介する時の定番フレーズなのでしっかりとマスターしておきましょう。

90. 正解 (D)

男性がおもちゃの売り上げについて何と言っているかが問われています。

"They always do well in this season." 「(おもちゃの売り上げは)この季節はいつも好調です」が正解のヒントです。

前の文で "toy sales were relatively high" 「おもちゃの売り上げが比較的高い」と述べられているので、They は「おもちゃの売り上げ」のことをあらわしています。do well は「上手くいく」というのが基本の意味で、売り上げが上手くいくとはいうことはすなわち、「よく売れている」ということを意味しています。

91. 正解 (B)

最後のセリフで、"120 percent is an outstanding result and I'd like to hear from hear from Charlie how his department did it." 「120%というのは素晴らしい成果ですし、どのように成し遂げたのかを Charlie に伺いたいです」と述べられているので、対象の部門の売り上げが120%であることがわかります。

次に、グラフで売り上げが120%を示しているのは "Appliances" 「電化製品」なので正解は (B) です。

語注

- **outstanding** 形 傑出した
- **accurately** 副 正確に
- **appliance** 名 電化製品

解答・解説

和訳

問題89~91は次のトークと図に関するものです。

このグラフは、冬期の売り上げを年間平均と比較したものです。平均値は100%と示されていますので、スポーツ用品は平均売上というのがわかると思います。おもちゃの売り上げが比較的高いというのは驚くべきことではありません。この季節はいつも好調です。実際、去年はもっと売れました。それよりも、私はこの部門に非常に心を打たれています。120%というのは素晴らしい成果ですし、どのように成し遂げたのかをCharlieに伺いたいです。

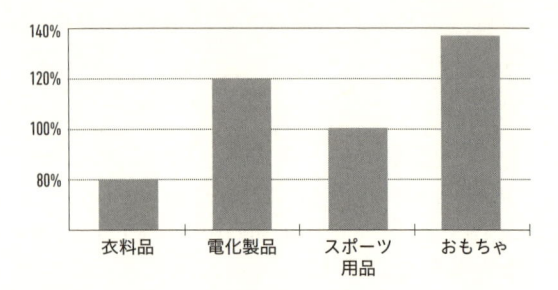

[グラフ: 衣料品 約80%、電化製品 約120%、スポーツ用品 100%、おもちゃ 約137%]

89. このトークの主な内容はどの季節の売り上げについてですか。

(A) 春
(B) 夏
(C) 秋
(D) 冬

90. 男性はおもちゃの売り上げについて何と言っていますか。

(A) 今年新記録を打ち出した。
(B) すでに下がり始めている。
(C) 正確に数字を出すのは難しい。
(D) この季節はいつもよく売れている。

91. 図を見てください。Charlie はどの部門の売り上げについて話しますか。

(A) 衣料品
(B) 電化製品
(C) スポーツ用品
(D) おもちゃ

❌ 先読みのポイント

89. Which season's sales are the main topic of the talk?

90. What does the man say about toy sales?

91. Look at the graphic. Which department's sales will Charlie talk about?

(A) Clothing
(B) Appliances
(C) Sporting Equipment
(D) Toys

これらの設問から以下のことが予測できます。

> ① 売上に関するトークである
> ② トークの中でグラフの特徴が述べられ、それが設問91のヒントになる
> ③ トークの後に Charlie が話す

グラフを先読みする際には、まずグラフが何をあらわしているのかを大まかに把握することが大切です。本問のグラフの横軸には商品名が並んでいるので、<u>商品同士の何かを比較している</u>ことがわかります。

255

解答・解説

次に縦軸を見るとパーセンテージが並んでおり、何かに対する増減をあらわしていることがわかります。

このように解説すると難しい事のように思えますが、コツさえつかめれば数秒でグラフの概要が理解できるようになります。

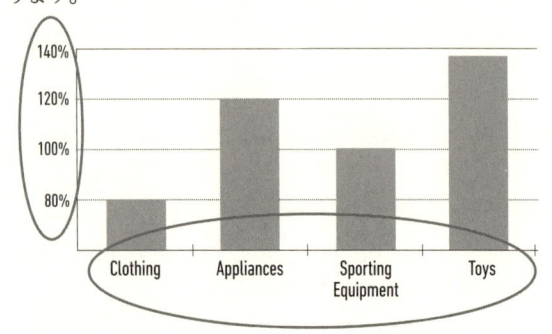

トレーニングのポイント

ポイント1

> The average is shown **as** one hundred percent

as は前置詞、接続詞の両方の品詞として使われ、様々な意味がありますが、中心にあるイメージはイコール（＝）です。

この英文ではまず「平均値が示されています」（The average is shown）と述べられて、それだけでは伝わらないので「100％として」（as one hundred percent）と説明を付け加えています。つまり、「平均値は100％だ」ということを伝えたいわけです。

> The average = 100%

「ゆっくり音読」で、The average is shown までを言って、それに付け足すように as にイコールのイメージを乗せて **as** one hundred percent までを言い切ってみてください。

ポイント2

> **Instead**, I'm really impressed by this department.

instead は「その代わり」という意味の副詞です。文頭に instead が使われている場合には、前に述べたこととは異なることをこれから述べるというサインです。

おもちゃ部門の冬期の売り上げは年平均に比べ140%近くと好成績なのですが、これは毎年の傾向であると述べています。それに対してこの部門 (家電部門) の120%という数値は140%よりも劣るにもかかわらず、非常に印象的だと言っているので、例年にはない出来事なのでしょう。なので、話者はこの部門が何をしたのかが聞きたいのです。

このように instead は文脈の変化点で使われ、その後に述べられる内容は正解のヒントに絡みやすいので、注意して聞き取りましょう。

パート4 ── 予想問題8

(◆55)

Two-sided Color Printed Brochures (Minimum Order 300)	
Over 3000 copies	12 cents each
1001 to 3000 copies	15 cents each
501 to 1000 copies	18 cents each
300 to 500 copies	20 cents each

92. How did Mr. Martin place his order?

(A) Over the telephone
(B) By e-mail
(C) By fax
(D) Through a Web site

93. Look at the graphic. How much will Mr. Martin be charged per copy?

(A) 12 cents
(B) 15 cents
(C) 18 cents
(D) 20 cents

94. What does the speaker say about delivery?

(A) It requires an additional fee.
(B) A vehicle is not available.
(C) It cannot be made to Mr. Martin's address.
(D) There will be two shipments.

スクリプト

Questions 92 through 94 refer to the following telephone message and price list.

Hi, Mr. Martin. It's Harry Grant calling from Tullworth Printing. I just want to confirm the details of this print order we've received from you via our Web site. It's for some brochures. They're to be color, printed on both sides, and have two folds. Um … It says you need 5000 copies. Ordinarily, there would be an additional charge for delivery, but as you're so close, we can waive that. Because of the size of the order, I'll deliver it in two shipments, one in the morning and one in the afternoon.

92. 正解 (D)

Martin が注文をした方法が問われています。

冒頭で話者は、"Hi, **Mr. Martin**."「もしもし、Martin さん」と呼びかけているので、聞き手が Martin であることがわかります。

そして、"I just want to confirm the details of this print order we've received from you **via our Web site**."「ウェブサイト経由であなたからいただいた、この印刷注文の詳細について確認させてください」によって、Martin はウェブサイト経由で注文したことがわかるので正解は (D) です。

設問に人物名が入っている場合は、それが誰なのかを特定しなければなりませんが、パート4の場合には出だしのセリフを注意深く聞くのがポイントです。設問を先読みした段階で、Martin が何かを注文したお客であることはわかっているので、冒頭のセリフでお店の人からお客の Martin への留

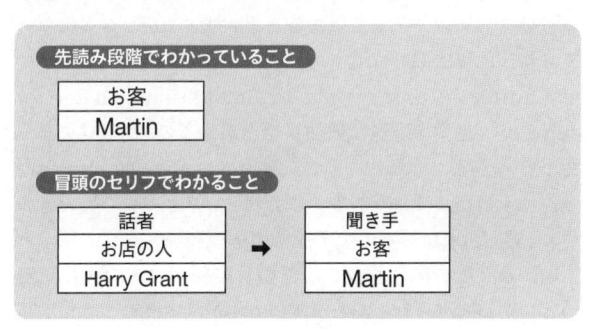

守電メッセージであることがわかります。

先読み段階でわかっていること

お客
Martin

冒頭のセリフでわかること

話者		聞き手
お店の人	→	お客
Harry Grant		Martin

このように冒頭で話者、人物関係、場面が頭の中で整理されるとその後のトークの内容がぐっと聞き取りやすくなります。

93. 正解 (A)

Martinは印刷1部あたりいくら請求されるかが問われています。

"It says you need **5000 copies**."「5000部必要とのことですよね」によって、印刷が必要な総数は5000部であることがわかります。

次に、価格表を見ると5000部が該当するのは3001部以上の欄なので正解は (A) です。

94. 正解 (D)

話者が配達について何と言っているかが問われています。

最後のセリフ、"Because of the size of the order, I'll deliver it **in two shipments**, one in the morning and

解答・解説

one in the afternoon." 「ご注文の量から、午前と午後の2回に分けてお届けすることになると思います」がヒントになっており、正解は (D) です。

"Ordinarily, there would be an additional charge for delivery" 「通常は配送に追加料金がかかるのですが」によって (A) を選びたくなりますが、"**but** as you're so close, we can waive that" 「お近くですのでサービスさせていただきます」と述べられているので不正解の選択肢です。

but は文脈の流れを変える重要な接続詞でその後に正解のヒントが述べられることが多いですが、本問のように不正解のヒントが述べられることもあるので要注意です。

語注

- □ **confirm** 動 〜を確認する
- □ **detail** 名 詳細
- □ **via** 前 〜を経由して
- □ **brochure** 名 パンフレット、カタログ
- □ **additional** 形 追加の
- □ **charge** 名 料金
- □ **waive** 動 〜を免除する
- □ **shipment** 名 出荷

和訳

問題 92 〜 94 は次の電話メッセージと価格表に関するものです。

もしもし、Martin さん。Tullworth Printing の Harry Grant です。ウェブサイト経由であなたからいただいた、この印刷注文の詳細について確認させてください。カタログ用で、両面のカラー印刷、そして二つ折り。えー、5000 部必要とのことですよね。通常は配送に

追加料金がかかるのですが、お近くですのでサービスさせていただきます。ご注文の量から、午前と午後の2回に分けてお届けすることになると思います。

| カタログ 両面カラー印刷 ||
(最小受注300部)	
3001部以上	12セント／部
1001～3000部	15セント／部
501～1000部	18セント／部
300～500部	20セント／部

92. Martin 氏はどのように注文しましたか。

    (A) 電話で
    (B) E メールで
    (C) ファックスで
    (D) ウェブサイトを通じて

93. 図を見てください。Martin 氏は1部あたりいくら請求されますか。

    (A) 12 セント
    (B) 15 セント
    (C) 18 セント
    (D) 20 セント

94. 話し手は配達について何と言っていますか。

    (A) 追加料金がかかる。
    (B) 車両が使えない。
    (C) Martin 氏の住所には配達できない。
    (D) 2回配達する。

解答・解説

先読みのポイント

92. How did Mr. Martin place his order?

93. Look at the graphic. How much will Mr. Martin be charged per copy?

(A) 12 cents
(B) 15 cents
(C) 18 cents
(D) 20 cents

94. What does the speaker say about delivery?

これらの設問から以下のことが予測できます。

> ① Martinはお客で、何かを注文した
> ② 部数が書かれている列が設問93の正解のヒントとして述べられる
> ③ 後半に配達について述べられる

設問93の選択肢には価格の列の値が並んでいるので、正解のヒントはもう一方の列である部数にあると考えられます。これは表の問題の定番です。

Two-sided Color Printed Brochures (Minimum Order 300)	
Over 3000 copies	12 cents each
1001 to 3000 copies	15 cents each
501 to 1000 copies	18 cents each
300 to 500 copies	20 cents each

ただし注意しておいていただきたいのは、この部数の列の

264　第7章 パート4の予想問題と解説

見方です。300、500、1000などの数字は範囲の上下限をあらわしているということです。これらの数字にだけに注目して待ち受けるように聞いてしまうと、5000 copiesなど違う単語が流れてきたときに戸惑ってしまいます。

◆ トレーニングのポイント

ポイント

> They're to be color, printed on both sides, and have two folds.

この英文を聞き取れるようになるために、まず、繰り返しを避けるために省略されている語を補ってみます。

> They're to be color, (they are to be) printed on both sides, and (they're to) have two folds.

省略がある文法的に不完全な文をスッキリと聞き取るためには、最初はこの完全な形を意識しながら、「ゆっくり音読」をするとよいでしょう。

もう1点、意識をしていただきたいのが、この英文のように複数のことを並列に述べるときのイントネーションです。ナレーターの発音を注意深く聞くと以下のように聞こえるはずです。

> They're to be color,↗ printed on both sides,↗ and have two folds.↘

このイントネーションは定番のパターンなので、音読トレーニングで身に付けておけば、リスニングの際に英文構造を理解する手助けになります。

こうした細かい点へこだわった基礎的なトレーニングの積み重ねこそが、リスニング力の底上げになり、それが目標スコアへとつながっていきます。

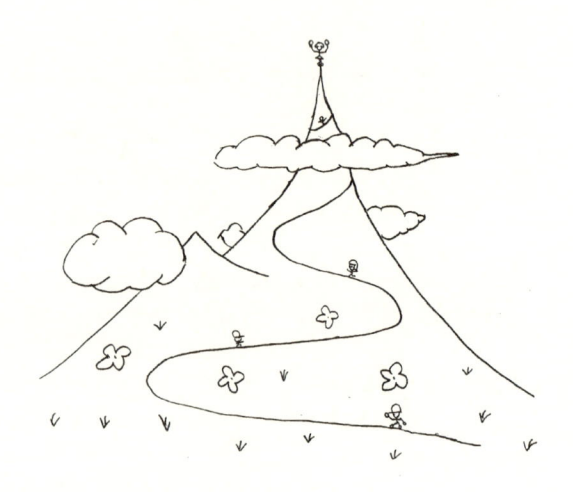

TOEIC® TEST サラリーマン特急 新形式リスニング 解答用紙 1

LISTENING SECTION

第1章

No.	ANSWER A B C D
32	Ⓐ Ⓑ Ⓒ Ⓓ
33	Ⓐ Ⓑ Ⓒ Ⓓ
34	Ⓐ Ⓑ Ⓒ Ⓓ
35	Ⓐ Ⓑ Ⓒ Ⓓ
36	Ⓐ Ⓑ Ⓒ Ⓓ
37	Ⓐ Ⓑ Ⓒ Ⓓ
38	Ⓐ Ⓑ Ⓒ Ⓓ
39	Ⓐ Ⓑ Ⓒ Ⓓ
40	Ⓐ Ⓑ Ⓒ Ⓓ

No.	ANSWER A B C D
71	Ⓐ Ⓑ Ⓒ Ⓓ
72	Ⓐ Ⓑ Ⓒ Ⓓ
73	Ⓐ Ⓑ Ⓒ Ⓓ

第2章

No.	ANSWER A B C D
1	Ⓐ Ⓑ Ⓒ Ⓓ
2	Ⓐ Ⓑ Ⓒ Ⓓ

第3章

No.	ANSWER A B C
7	Ⓐ Ⓑ Ⓒ
8	Ⓐ Ⓑ Ⓒ
9	Ⓐ Ⓑ Ⓒ
10	Ⓐ Ⓑ Ⓒ
11	Ⓐ Ⓑ Ⓒ

第4章

No.	ANSWER A B C D
1	Ⓐ Ⓑ Ⓒ Ⓓ
2	Ⓐ Ⓑ Ⓒ Ⓓ
3	Ⓐ Ⓑ Ⓒ Ⓓ
4	Ⓐ Ⓑ Ⓒ Ⓓ
5	Ⓐ Ⓑ Ⓒ Ⓓ
6	Ⓐ Ⓑ Ⓒ Ⓓ

第5章

No.	ANSWER A B C
7	Ⓐ Ⓑ Ⓒ
8	Ⓐ Ⓑ Ⓒ
9	Ⓐ Ⓑ Ⓒ
10	Ⓐ Ⓑ Ⓒ
11	Ⓐ Ⓑ Ⓒ
12	Ⓐ Ⓑ Ⓒ
13	Ⓐ Ⓑ Ⓒ
14	Ⓐ Ⓑ Ⓒ
15	Ⓐ Ⓑ Ⓒ
16	Ⓐ Ⓑ Ⓒ

※復習用にコピーしてお使いください。

キリトリ

TOEIC® TEST サラリーマン特急 新形式リスニング 解答用紙 2

LISTENING SECTION

第5章

No.	ANSWER
17	A B C
18	A B C
19	A B C
20	A B C
21	A B C
22	A B C
23	A B C
24	A B C
25	A B C
26	A B C

第5章 (続き)

No.	ANSWER
32	A B C D
33	A B C D
34	A B C D
35	A B C D
36	A B C D
37	A B C D
38	A B C D
39	A B C D
40	A B C D

第6章

No.	ANSWER
41	A B C D
42	A B C D
43	A B C D
44	A B C D
45	A B C D
46	A B C D
47	A B C D
48	A B C D
49	A B C D

No.	ANSWER
50	A B C D
51	A B C D
52	A B C D
53	A B C D
54	A B C D
55	A B C D

第7章

No.	ANSWER
71	A B C D
72	A B C D
73	A B C D
74	A B C D
75	A B C D
76	A B C D
77	A B C D
78	A B C D
79	A B C D

No.	ANSWER
80	A B C D
81	A B C D
82	A B C D
83	A B C D
84	A B C D
85	A B C D
86	A B C D
87	A B C D
88	A B C D

No.	ANSWER
89	A B C D
90	A B C D
91	A B C D
92	A B C D
93	A B C D
94	A B C D

※復習用にコピーしてお使いください。

✂ キリトリ

TOEIC® TEST サラリーマン特急 新形式リスニング 解答用紙 1

LISTENING SECTION

第1章

No.	ANSWER A B C D
32	Ⓐ Ⓑ Ⓒ Ⓓ
33	Ⓐ Ⓑ Ⓒ Ⓓ
34	Ⓐ Ⓑ Ⓒ Ⓓ
35	Ⓐ Ⓑ Ⓒ Ⓓ
36	Ⓐ Ⓑ Ⓒ Ⓓ
37	Ⓐ Ⓑ Ⓒ Ⓓ
38	Ⓐ Ⓑ Ⓒ Ⓓ
39	Ⓐ Ⓑ Ⓒ Ⓓ
40	Ⓐ Ⓑ Ⓒ Ⓓ

No.	ANSWER A B C D
71	Ⓐ Ⓑ Ⓒ Ⓓ
72	Ⓐ Ⓑ Ⓒ Ⓓ
73	Ⓐ Ⓑ Ⓒ Ⓓ

第2章

No.	ANSWER A B C D
1	Ⓐ Ⓑ Ⓒ Ⓓ
2	Ⓐ Ⓑ Ⓒ Ⓓ

第3章

No.	ANSWER A B C
7	Ⓐ Ⓑ Ⓒ
8	Ⓐ Ⓑ Ⓒ
9	Ⓐ Ⓑ Ⓒ
10	Ⓐ Ⓑ Ⓒ
11	Ⓐ Ⓑ Ⓒ

第4章

No.	ANSWER A B C D
1	Ⓐ Ⓑ Ⓒ Ⓓ
2	Ⓐ Ⓑ Ⓒ Ⓓ
3	Ⓐ Ⓑ Ⓒ Ⓓ
4	Ⓐ Ⓑ Ⓒ Ⓓ
5	Ⓐ Ⓑ Ⓒ Ⓓ
6	Ⓐ Ⓑ Ⓒ Ⓓ

第5章

No.	ANSWER A B C
7	Ⓐ Ⓑ Ⓒ
8	Ⓐ Ⓑ Ⓒ
9	Ⓐ Ⓑ Ⓒ
10	Ⓐ Ⓑ Ⓒ
11	Ⓐ Ⓑ Ⓒ
12	Ⓐ Ⓑ Ⓒ
13	Ⓐ Ⓑ
14	Ⓐ Ⓑ
15	Ⓐ Ⓑ
16	Ⓐ Ⓑ

TOEIC® TEST サラリーマン特急 新形式リスニング 解答用紙 2

LISTENING SECTION

第5章

No.	ANSWER A B C
17	Ⓐ Ⓑ Ⓒ
18	Ⓐ Ⓑ Ⓒ
19	Ⓐ Ⓑ Ⓒ
20	Ⓐ Ⓑ Ⓒ
21	Ⓐ Ⓑ Ⓒ
22	Ⓐ Ⓑ Ⓒ
23	Ⓐ Ⓑ Ⓒ
24	Ⓐ Ⓑ Ⓒ
25	Ⓐ Ⓑ Ⓒ
26	Ⓐ Ⓑ Ⓒ

第6章

No.	ANSWER A B C D
32	Ⓐ Ⓑ Ⓒ Ⓓ
33	Ⓐ Ⓑ Ⓒ Ⓓ
34	Ⓐ Ⓑ Ⓒ Ⓓ
35	Ⓐ Ⓑ Ⓒ Ⓓ
36	Ⓐ Ⓑ Ⓒ Ⓓ
37	Ⓐ Ⓑ Ⓒ Ⓓ
38	Ⓐ Ⓑ Ⓒ Ⓓ
39	Ⓐ Ⓑ Ⓒ Ⓓ
40	Ⓐ Ⓑ Ⓒ Ⓓ

No.	ANSWER A B C D
41	Ⓐ Ⓑ Ⓒ Ⓓ
42	Ⓐ Ⓑ Ⓒ Ⓓ
43	Ⓐ Ⓑ Ⓒ Ⓓ
44	Ⓐ Ⓑ Ⓒ Ⓓ
45	Ⓐ Ⓑ Ⓒ Ⓓ
46	Ⓐ Ⓑ Ⓒ Ⓓ
47	Ⓐ Ⓑ Ⓒ Ⓓ
48	Ⓐ Ⓑ Ⓒ Ⓓ
49	Ⓐ Ⓑ Ⓒ Ⓓ

No.	ANSWER A B C D
50	Ⓐ Ⓑ Ⓒ Ⓓ
51	Ⓐ Ⓑ Ⓒ Ⓓ
52	Ⓐ Ⓑ Ⓒ Ⓓ
53	Ⓐ Ⓑ Ⓒ Ⓓ
54	Ⓐ Ⓑ Ⓒ Ⓓ
55	Ⓐ Ⓑ Ⓒ Ⓓ

第7章

No.	ANSWER A B C D
71	Ⓐ Ⓑ Ⓒ Ⓓ
72	Ⓐ Ⓑ Ⓒ Ⓓ
73	Ⓐ Ⓑ Ⓒ Ⓓ
74	Ⓐ Ⓑ Ⓒ Ⓓ
75	Ⓐ Ⓑ Ⓒ Ⓓ
76	Ⓐ Ⓑ Ⓒ Ⓓ
77	Ⓐ Ⓑ Ⓒ Ⓓ
78	Ⓐ Ⓑ Ⓒ Ⓓ
79	Ⓐ Ⓑ Ⓒ Ⓓ

No.	ANSWER A B C D
80	Ⓐ Ⓑ Ⓒ Ⓓ
81	Ⓐ Ⓑ Ⓒ Ⓓ
82	Ⓐ Ⓑ Ⓒ Ⓓ
83	Ⓐ Ⓑ Ⓒ Ⓓ
84	Ⓐ Ⓑ Ⓒ Ⓓ
85	Ⓐ Ⓑ Ⓒ Ⓓ
86	Ⓐ Ⓑ Ⓒ Ⓓ
87	Ⓐ Ⓑ Ⓒ Ⓓ
88	Ⓐ Ⓑ Ⓒ Ⓓ

No.	ANSWER A B C D
89	Ⓐ Ⓑ Ⓒ Ⓓ
90	Ⓐ Ⓑ Ⓒ Ⓓ
91	Ⓐ Ⓑ Ⓒ Ⓓ
92	Ⓐ Ⓑ Ⓒ Ⓓ
93	Ⓐ Ⓑ Ⓒ Ⓓ
94	Ⓐ Ⓑ Ⓒ Ⓓ

※復習用にコピーしてお使いください。

キリトリ

著者紹介

八島 晶（やしま・あきら）

外資系ソフトウェア会社に勤務する現役サラリーマン。東京理科大学理工学部卒業。2013年にTOEIC公開テスト、IPテストで満点（990点）を達成。公開テストの受験回数は70回超。独自の問題攻略法と学習法をサラリーマンに伝授するTOEICスコアアップセミナーの受講者はのべ1500名を超える。

著書に『新TOEIC® TEST サラリーマン特急 満点リスニング』『新TOEIC® TEST サラリーマン特急 満点リーディング』(小社)、執筆協力に『TOEIC® テスト 究極のゼミPART5 語彙・語法』ヒロ前田 (アルク)、『新TOEICテスト 文法問題 でる1000問』TEX加藤 (アスク) などがある。ビジネス誌、英語誌、TOEIC誌でも多数執筆。

インターネット上のサイト『TOEIC満点サラリーマンのブログ』を通じてTOEICのスコアアップ法、問題の解答法など学習者の視点に立ったユニークな情報を発信中。

TOEIC満点サラリーマンのブログ
http://ojimstoeicdiary.blog.fc2.com/

TOEIC® TEST サラリーマン特急
新形式リスニング

2016年11月30日　第1刷発行

著　者	八島 晶
発行者	友澤 和子
装　丁	川原田 良一
本文デザイン	コントヨコ
イラスト	cawa-j ☆ かわじ
印刷所	大日本印刷株式会社
発行所	朝日新聞出版

〒104-8011　東京都中央区築地5-3-2
電話 03-5541-8814（編集）　03-5540-7793（販売）
© 2016 Akira Yashima
Published in Japan by Asahi Shimbun Publications Inc.
ISBN 978-4-02-331534-1
定価はカバーに表示してあります。
落丁・乱丁の場合は弊社業務部（電話 03-5540-7800）へご連絡ください。
送料弊社負担にてお取り替えいたします。